Und es ward Licht

Gewidmet meinem Sohn Nicolas von Oy
und seiner Schwester Laura.

Kurt Schubert

UND ES WARD LICHT

Die Schöpfung in Bildern und Texten

Mit einem Geleitwort von Horst Stern

Rosenheimer Verlagshaus

Inhalt

Geleitwort

Ich teile nicht die oft plakatierte Ansicht, es werde dem Schwund der Tier-
und Pflanzenarten, dem Sterben der Gewässer und Wälder
notwendigerweise auch der Tod des Menschen folgen. Unsere Spezies
mit ihrem luxurierenden Gehirn ist fähig, sich physisch an nahezu
jede Verarmung der Natur unterhalb der Schwelle des atomaren Holocausts
anzupassen.
Aber über dem Mord an der Natur werden wir geistig erkranken,
und unsere Raserei wird sich gegen uns selbst richten: Eine rattengleiche
Vermehrung wird ein rattengleiches Verhalten bewirken;
die Aggression der Männchen paart sich mit der Einstellung der Brutpflege
durch die Weibchen und zeugt das soziale Chaos, den seelischen
Holocaust.
Bücher wie dieses sind Rotlichter an der Straße ins Verderben. Ich kann
Kurt Schubert, meinem Freund, zwar nicht in jeden Winkel seiner Denkwelt
folgen. Aber folgen kann ich ihm in seine kreatürliche Angst.
Es ist die zunehmende Angst aller Sensiblen um die Natur,
deren Schönheit in dem Maße, in dem sie aus der realen Welt verschwindet,
in die Träume dieser Sensiblen flüchtet.

Horst Stern

Einführung

Vor etlichen Jahren schon, während einer Fotoreise durch Island, kam mir die Idee zu diesem Buch. Überwältigt von der wilden Ursprünglichkeit dieser Landschaft, hatte ich wiederholt das Gefühl, Zeuge der Erschaffung der Erde zu sein. Ich sah den Zeitpunkt der Weltentstehung plötzlich nicht mehr in einer undenkbar fernen Vergangenheit, sondern empfand ihn in jedem Augenblick. Vergangenheit und Zukunft hatten keinerlei Bedeutung mehr, und ein tiefes Gefühl der Einheit und Verbundenheit mit allem um mich herum erfüllte mich. Ich verstand plötzlich, daß in dieser Welt nichts verlorengehen kann, da alles mit allem verbunden ist. Diese Welt war die gleiche wie bisher und war doch eine andere, und ich sah, daß sich das Wunder der Schöpfung überall zu offenbaren vermag. Doch da wir gewöhnlich auf dieser Wirklichkeit herumspazieren wie auf einem Teppich, sehen wir es nicht.

Seit dieser Erfahrung spürte ich immer deutlicher die tiefe Kluft zwischen meinem rationalen Wissen und dem unmittelbaren Erleben, eine Kluft, die mir vor allem für unsere westlichen Kulturen typisch zu sein scheint und die in der üblichen Trennung von Geist und Materie ihren klassischen Ausdruck findet. Doch diese Trennung scheint nichts anderes zu sein als das Ergebnis der beschränkten und konditionierten Art unserer Wahrnehmung, deren begrenzter, spezieller Blickwinkel unsere Sicht der Welt prägt.

Die Texte dieses Buches kreisen daher in weiten Passagen, vor allem im Kapitel »Wissenschaft und Mystik«, immer wieder um diese scheinbare Dualität von Geist und Materie, die in den bislang unvereinbaren Positionen von Wissenschaft und Religion ihren deutlichsten Ausdruck findet. Doch dieses zweigleisige Denken, so scheint mir, wird man irgendwann einmal aufgeben müssen. »Es muß vielmehr«, so der amerikanische Religionsphilosoph Alan Watts, »eine Sicht der Welt gefunden werden, in der Berichte von Wissenschaft und Religion ebenso übereinstimmen wie jene von Augen und Ohren«.

Eine Wende bahnt sich schon an, denn seitdem uns die Erkenntnisse der Atomphysik deutlich gemacht haben, daß es so etwas wie Materie genau genommen gar nicht gibt und daß die Begriffe von Zeit und Raum nur relative Gültigkeit haben, steht der moderne Mensch vor einer Neuorientierung seines Weltbildes. In seiner Verunsicherung landet er dann nicht selten bei den alten Weisheitslehren des Ostens. Und die sind in der Tat oftmals eine große Hilfe für den seines materialistischen Weltbildes beraubten Abendländer, wenngleich ihm die unterschiedlichen kulturellen Wurzeln die Annäherung immer nur bis zu einem gewissen Grad gestatten werden. Doch speziell Zen-Buddhismus und Taoismus gehen über das dualistische Weltbild deutlich hinaus, da sie kein Universum voraussetzen, in dem Geistiges und Materielles getrennt sind. Hier ist man sich vielmehr dessen bewußt, daß diese Trennung nur in unserem Bewußtsein existiert und auch nur dort durch das Praktizieren spezieller Disziplinen wieder aufgehoben werden kann. Die Weltbilder der Buddhisten, Hindus und Taoisten sind es dann auch, die erste Annäherungen zwischen moderner Physik und Religion möglich machten. Einen der bemerkenswertesten Versuche, solche Parallelen aufzuzeigen, hat der Atomphysiker Fritjof Capra unternommen.

Noch ein weiterer Konflikt, mit dem sich der westliche Mensch schwertut, sofern er ein fundamentalistisches Christentum vertritt, bereitet dem östlichen Denken kaum Probleme: Nämlich die Vorstellung einer göttlichen Schöpfung einerseits und der Evolutionsgedanke andererseits. Zumal bei den Buddhisten und Taoisten, die ohnehin keinen persönlichen Schöpfergott kennen, existiert dieser Widerspruch gar nicht. Aber auch in der phantastischen Götterwelt der Hindus findet dieser Konflikt keinen Platz. In der indischen Mythologie beispielsweise wird die Schöpfung als eine Art Selbstentfaltung Gottes betrachtet, eine Sichtweise übrigens, der auch abendländische Denker wie zum Beispiel Teilhard de Chardin nahestehen.

Diese Erde, von der eine Handvoll guter Humus mehr Lebewesen enthält als unser Planet Menschen zählt, wieder mehr zu würdigen, sie als Heiligtum zu ehren und das Göttliche auch in der sogenannten Materie zu sehen, scheint tatsächlich dringendstes Erfordernis unserer heutigen Zeit zu sein.

Und so betrachte ich auch die Aufnahmen dieses Buches als eine Art Lobpreisung unserer Mutter Erde, wobei einige der Bilder vielleicht eine Ahnung von jenem Urzustand zu vermitteln vermögen, den die ausgewählten Schöpfungsmythen schildern.

Im wesentlichen orientiert sich die Auswahl der Bilder an ästhetischen und nicht an wissenschaftlichen Kriterien. Die Zusammenstellung in Form eines evolutionären Ablaufs von den Urwassern bis zum ersten Menschen soll dabei nicht mehr sein als ein dramaturgisches Gerüst. Wenn in dem Zyklus höheres Leben ziemlich spät auftaucht, so ist das jedoch durchaus beabsichtigt, da es den wahren Verhältnissen entspricht.

Ein jedes dieser Bilder wurde mit dem »normalen« Auge wahrgenommen und farblich so wirklichkeitsgetreu wie möglich wiedergegeben. Ich zeige also weder Blicke durchs Elektronenmikroskop in die faszinierende Welt der Moleküle und Atome noch einen Blick in jene astronomischen Räume, die uns das Teleskop erschlossen hat. Denn man muß, so glaube ich, den Blick nicht in die unendlichen Welten des Alls schweifen lassen, um das Wunder der Schöpfung zu erblicken. Es liegt direkt vor unseren Füßen.

Kurt Schubert

Vom Wesen der Mythen

»Ich halte die Symbolsprache
für die einzige Fremdsprache,
die jeder von uns lernen sollte.«

(Erich Fromm)

Irgendwann in den Kindheitstagen der Menschheit, als sich aus der tierhaften Gruppenpsyche allmählich so etwas wie ein individuelles Ich-Bewußtsein herauszulösen begann, mag erstmals jene schicksalhafte Frage aufgetaucht sein, die wir uns heute noch genauso stellen wie damals: Wer bin ich, wo komme ich her, wo gehe ich hin? Auf rationalem Wege befriedigende Antworten auf diese Fragen zu erhalten, gelang damals so wenig wie heute. Die Schwierigkeit lag ganz offensichtlich darin, daß es dem Teil (dem Menschen) nicht gelingen wollte, das Ganze (den Kosmos) zu begreifen, – zumindest nicht mit dem Verstand. Einige wenige – Weise, Mystiker, Schamanen –, denen tiefere Einblicke in das Mysterium des Seins vergönnt waren, sahen sich wiederum vor dem Problem, ihre Erkenntnisse so auszudrücken, daß sie von jedermann verstanden werden konnten. So mögen die Mythen entstanden sein.

Wort – Geschichte – und die hinter der Geschichte liegende metaphysische Wirklichkeit: das bedeutet aus etymologischer Sicht der Begriff des Mythos. Er ist der aus dem Bedürfnis nach Seinsgewißheit entstandene Versuch, in der Sprache allgemein gültiger Bilder tiefere Zusammenhänge des Daseins zum Ausdruck zu bringen. So verkünden die Schöpfungsmythen in der Sprache der Bilder und Symbole die Ur-Kunde vom geheimnisvollen Ursprung der Welt und des Menschen. Jeder Mythos hat demnach sowohl einen immanenten als auch einen transzendenten Aspekt, der auf die hinter den Worten liegende tiefere Wirklichkeit hinweist, jene Wirklichkeit, die Worte eben nur anzudeuten vermögen. Auf diese Weise wurde die intellektuell nicht gestillte metaphysische Sehnsucht der Menschen sozusagen mythologisch gestillt. Mythen wurden zur religiös gelebten Weltanschauung und damit zum Fundament jeder Kultur.

Doch je mehr der denkende Verstand über Instinkt und Intuition die Oberhand gewann, um so mehr verschwand der ursprünglich numinose Charakter des Mythos im Hintergrund. Man glaubte ihn auf analytischem Wege voll ausleuchten zu können, und je »aufgeklärter« eine Kultur war, um so mehr neigte sie schließlich dazu, ihn als primitives Relikt archaischer Denkweisen ins »Museum« abzuschieben. Doch all die naturwissenschaftlichen Deutungen und Erklärungen der Welt konnten die metaphysischen Sehnsüchte bis heute nicht stillen. Im Gegenteil: Gerade die Menschen in den »fortschrittlichsten« Kulturen stehen unsicherer denn je vor der Sinnfrage ihrer Existenz.

9

Einer jener großen abendländischen Geister, die den zeitlosen Gehalt der Mythen neu entdeckten, war der Schweizer Tiefenpsychologe Carl Gustav Jung. Auf seinen »Forschungsreisen« in die menschliche Psyche entdeckte er, daß unser reflektierender Verstand, mit dem wir uns so gerne identifizieren, keinesweges in dem Maße der »Herr im Haus« ist, wie wir das gerne glauben. Jung zeichnete ein Bild vom Menschen, in dem sich dessen bewußte Persönlichkeit, sein Ego, im Vergleich zu seinem gesamtpsychischen Sein etwa so verhält wie die aus dem Wasser ragende Spitze eines Eisbergs zum gesamten Eisberg. Mit anderen Worten: Der weitaus größte Teil seines Wesens ist unbewußt.

Jung entwickelte den Begriff des Selbst für das gesamtpsychische Wesen des Menschen, in dem sein bewußtes Ich wie eine kleine Insel treibt. Und er fand Möglichkeiten, wie das bewußte Ich mit dem großen unbewußten Bereich in Kontakt gelangen kann. Jung entdeckte, daß die aus dem Unbewußten mehr oder weniger häufig (je nach Veranlagung und der persönlichen Bereitschaft dafür) emportauchenden Bilder ihre ganz bestimmte Sprache haben, mittels derer – wenn man sie zu verstehen lernt – sich die tieferen Schichten der Psyche erschließen lassen.

Die Sprache, in der das Unbewußte spricht, ist die Bilderwelt der Symbole, keinesfalls zu verwechseln mit dem Begriff des Zeichens, das immer vom bewußten Ich geschaffen wird und eine ganz präzise, begrenzte Bedeutung hat. Jene Symbole aber, die aus den Tiefenschichten der Psyche ins Bewußtsein sickern – in Träumen, Phantasien, Visionen –, sind Botschaften aus einer ferneren Seelenwelt, jener Welt, in der auch der Mythos zuhause ist.

Dieser Bereich – Jung nennt ihn das »kollektive Unbewußte« – ist die Sphäre der psychischen Urbilder, der »Archetypen«, die den kollektiven mythischen Urgrund allen menschlichen Seins und aller Kulturen bilden. Die Symbole sind dabei so etwas wie die Sprache der Mythen, »formgewordene« Wahrheiten, die aus tiefstem Seelengrund im Bewußtsein aufleuchten. Fast immer deuten sie auf eine Form der Ganzheit hin, jenem Zustand, nach dem alles individuelle Sein letztlich strebt. Somit schimmern stets Grundwahrheiten aus der Sphäre des Göttlichen durch, weshalb der echte Mythos, das echte Symbol auch Ausdruck jeder lebendigen Religion ist.

Jungs Psychologie basiert auf der Erkenntnis, daß die menschliche Psyche genauso ihre Geschichte hat wie der Körper, wobei das bewußte Ich eine ziemlich späte »Entwicklung« der Gesamtpsyche ist. Nur sehr langsam und mühselig hat es sich entwickelt in einem Prozeß, der etliche Zeitalter brauchte, um den Zustand der Zivilisation zu erreichen, den man heute weitgehend mit der Erfindung der Schrift vor viertausend Jahren gleichsetzt.

In seinem Buch »Der Mensch und seine Symbole« schreibt Jung: »So wie der menschliche Körper ein ganzes Museum von Organen darstellt, von denen jedes eine lange Entwicklungsgeschichte hinter sich hat, so können wir davon ausgehen, daß auch unser Geist in ähnlicher Weise organisiert ist. Er kann ebenso wenig wie der Körper, in dem er existiert, ein Produkt ohne Geschichte sein. Mit ›Geschichte‹ meine ich nicht die bewußte Beziehung

10

unseres Geistes auf seine Vergangenheit in Sprache und anderen kulturellen Traditionen. Ich meine die biologische, prähistorische, unbewußte Entwicklung des Geistes im archaischen Menschen, dessen Psyche der des Tieres noch sehr ähnlich war.

Diese unermeßlich alte Psyche bildet die Grundlage unseres Geistes, so wie die Struktur unseres Körpers auf dem allgemeinen anatomischen Muster des Säugetieres beruht. Das geübte Auge des Anatomen oder des Biologen findet in unserem Körper viele Spuren dieses ursprünglichen Musters, und der erfahrene Erforscher der Seele erkennt in ähnlicher Weise die Analogien zwischen den Traumbildern des modernen Menschen und den Erzeugnissen des primitiven Geistes, seinen kollektiven Bildern und seinen mythologischen Motiven.«

Den Prozeß, der einen Menschen wieder Kontakt finden läßt zu den tieferen Schichten seines Unterbewußtseins, nennt Jung »Individuation«. Er hat in der Regel nichts zu tun mit dem, was wir in unserer heutigen Gesellschaft mit dem Begriff Individualismus bezeichnen, bei dem es sich meist um mehr oder weniger ausgeprägte Ego-Spiele handelt, die mehr der Eitelkeit als dem Wunsch nach Selbsterkenntnis entspringen. Was Jung mit Individuation meint, ist eher dem vergleichbar, was Goethe meinte mit seinem Ausspruch: Werde, der du bist.

Ziel der Individuation ist die Verwirklichung des ganzen Menschen, des Selbst. Und dieses Selbst, das sich in Träumen und Visionen zu offenbaren vermag, hat häufig religiösen Charakter, denn es ist sowohl persönlich als auch unpersönlich, sowohl in der Zeit als auch zeitlos. In vielen Mythen und Religionen wurde es in dem Bild des »Großen Menschen« symbolisiert, der den ganzen Kosmos umfängt und auch dessen Grundprinzipien zum Ausdruck bringt. Die kosmische Natur dieses »Großen Menschen« macht deutlich, daß der innerste Kern der menschlichen Seele, das heißt das Selbst, das individuelle Ich weit überragt. Jung weist auch immer wieder darauf hin, daß das Selbst eine nicht absteckbare Ausdehnung besitzt. In unserer westlichen Kultur ist der kosmische Mensch weitgehend mit Christus identifiziert, aber auch mit Adam, dem Urmenschen. So erzählt eine jüdische Legende, daß Gott zur Erschaffung Adams roten, schwarzen, weißen und gelben Staub von den vier Weltecken sammelte, wodurch dieser von einem Ende der Welt bis zum anderen reichte. Wenn er sich neigte, berührte sein Kopf den Osten und seine Füße den Westen. Im Alten Testament taucht dieselbe Gestalt auf als »Menschensohn«, und in der späteren jüdischen Mystik als »Adam Kadmōn«. Verschiedene religiöse Bewegungen der Antike nannten ihn einfach »Anthropos«, das griechische Wort für Mensch. In den asiatischen Ländern wiederum verbindet sich der Begriff des kosmischen Menschen vor allem mit Krischna und Buddha, im alten Persien mit dem Urmenschen Gayomart.

Viele Mythen gipfeln in der Aussage, daß dieser »Große Mensch« nicht nur der Anfang, sondern auch das Endziel der Schöpfung sei. Allerdings ist diese Aussage nicht nur im äußeren Sinne, sondern auch als inneres Ziel zu verstehen. Laut Jung hat die innerseelische Wirklichkeit jedes Menschen tatsächlich ein geheimes Streben nach dem

Ziel, das Selbst zu verwirklichen. So gesehen läßt sich die menschliche Existenz niemals nur auf reine Zweckmechanismen wie Arterhaltung und andere Triebe reduzieren. In ähnlichem Sinne formulierte es einer der bekanntesten Mystiker des Abendlandes, nämlich Meister Eckhart: »Alles Kornes innerste Natur meinet Weizen, alles Metall Gold und alle Geburt den Menschen!«

Auch in der Mythologie des Hinduismus lebt der Urmensch, dort »Purusha« genannt, in jedem menschlichen Individuum und ist als einziges an ihm unsterblich. Dieser innere »Große Mensch« kann den einzelnen sogar erlösen, indem er ihn aus der Schöpfung und ihren Leiden zum ewigen Ursprung zurückführt. Allerdings vermag er das nur, wenn man innerlich aufwacht und ihn erkennt, um sich von ihm führen zu lassen. Eine solche Vorstellung hat auch im Westen in einigen Formen der sogenannten »humanistischen Psychologie« in dem Bild des »Inneren Meisters« Eingang gefunden.

Diese Beispiele zeigen, wie allgemein verbreitet das Symbol des kosmischen Menschen ist. Stets kommt darin das Geheimnis der Ganzheit zum Ausdruck, weshalb der »Große Mensch« oft zweigeschlechtlich dargestellt wird. In dieser Form vereint er in sich die wichtigsten psychischen Gegensätze, nämlich das männliche und das weibliche Prinzip, so daß diese Einheit meist durch ein königliches oder göttliches Paar symbolisiert wird – vor allem in den östlichen Kulturen. Eine der bekanntesten und immer wieder neu variierten Darstellungen ist die Vereinigung von Shiva und Shakti, die gemeinsam die polare, dynamische Ganzheit der Seele versinnbildlichen, zu der das

Männliche ebenso gehört wie das Weibliche. Während Gott Shiva die unpersönliche und zeitlose Welt des Geistes repräsentiert, vertritt die Göttin Shakti die persönlich zeitliche Welt des Irdischen. Er steht für das Bewußtsein, sie für das Unbewußte.

Nicht minder verbreiten sich abstrakte Darstellungen wie das Yin/Yang-Symbol der Chinesen, bei dem sich das männliche und das weibliche Prinzip innerhalb eines Kreises derart kunstvoll umschlingen, daß ihre Untrennbarkeit in vollkommener Weise offenbar wird. In allen östlichen Kulturen ist der Kreis, dort Mandala genannt, wichtigstes abstraktes Symbol für die Darstellung der Ganzheit. Den Himmelsrichtungen entsprechend oft vier- oder gar achtgeteilt, symbolisiert er das »Kernatom« der Psyche, welches mit der gesamten inneren und äußeren Welt untrennbar verwoben ist. Im Osten bilden Mandalas häufig die Grundlage für meditative Schaubilder verschiedenster Art.

Doch auch die christliche Kunst und Religion kennt die Form des Kreises. Die Fensterrosen der Kathedralen gehören dabei zu den eindrucksvollsten Darstellungen. Man kann sie ebenfalls als überpersönliche, ins Kosmische gesteigerte Symboldarstellungen der numinosen Ganzheit verstehen. Ein kosmisches Mandala offenbarte sich Dante in der Vision einer leuchtend-weißen Rose. Auf eine Mandala-Symbolik weisen außerdem die Lichtkreise um die Häupter Christi, seiner Jünger und der Heiligen. Zu seinem Erstaunen entdeckte Jung, daß Mandala-Bilder im Verlauf eines Individuationsprozesses häufig spontan aus dem Unbewußten auftauchen, und zwar sogar bei Menschen, die von deren Existenz und Bedeutung nichts wußten. Wo immer jedenfalls das Motiv des Kreises auftaucht, ob in alten Sonnenkulturen oder in modernen religiösen Darstellungen, ob in Mythen oder in Träumen, in Meditationsbildern oder im Grundriß moderner Städte: es weist stets auf die ursprüngliche Ganzheit des Lebens hin. Während die Ganzheit als solche meist in Mandalas ihren Ausdruck findet, stellt sich der Prozeß der Ganzwerdung häufig im Symbol des Baumes dar. Er baut sein Dasein direkt aus der anorganischen Materie auf und repräsentiert gesetzmäßiges Wachsen nach genau festgelegten Mustern. Ähnlich erscheint auch das Selbst als etwas jenseits aller Impulse und Triebe objektiv in der menschlichen Seele Vorhandenes, als jenes zentrale psychische Element in uns, das Stetigkeit und reines Da-Sein bedeutet. Die Pflanze hat immer einen verborgenen Teil ihrer selbst in der Erde, und ihr Bild deutet deshalb auch in Bezug auf die menschliche Psyche darauf hin, daß wir ebenfalls einen solchen uns verborgenen Anteil am vegetativen Leben der gesamten Natur haben. Nicht umsonst ist der Baum eines der wichtigsten Symbole in den Mythen vieler Völker.

Aber auch das Tier spielt in der Mythologie eine wichtige Rolle. In den Religionen fast aller Völker werden die höchsten Götter mit Tierattributen versehen oder sogar als Tiere dargestellt. Zahlreiche Mythen berichten davon, daß ein »Urtier« geopfert werden mußte, das dann die Fruchtbarkeit bewirkt oder sogar die ganze Schöpfung hervorgebracht hat. So ging aus der Opferung des Stiers durch den persischen Sonnengott Mithras die Erde mit all ihrem Reichtum und ihren Früchten hervor. Bei den Babyloniern wurden die Götter in Gestalt von Widder, Stier, Krebs, Löwe, Skorpion und Fisch in den Himmel versetzt und gelten bis heute als Zeichen des Tierkreises.

Bei den Ägyptern wird die Göttin Hathor als kuhköpfig, Ammon als widderköpfig und Thot als ibisköpfig oder als Pavian dargestellt. In Indien ist Ganesh der glückbringende Gott in Menschengestalt mit Elefantenkopf, Vishnu erscheint als Eber, und Hanuman ist der Affengott. Auch die griechische Mythologie ist durchsetzt mit Tiersymbolik, und selbst Göttervater Zeus nimmt die Gestalt von Schwan, Stier oder Adler an, um sich den von ihm geliebten Frauen und Knaben zu nähern. In der germanischen Mythologie wiederum ist die Katze der Göttin Freya gewidmet, während Eber, Rabe und Pferd dem Wotan heilig sind.

Im Christentum spielt die Tiersymbolik ebenfalls eine große Rolle. Drei der vier Evangelisten werden von Tieren begleitet: Lukas vom Stier, Markus vom Löwen, Johannes vom Adler und nur einer, Matthäus, von einem Engel. Christus selbst erscheint entweder als Fisch oder als Lamm Gottes, das von seinem Vater geopfert wird. Aber auch die – am Kreuz erhöhte – Schlange und der Löwe gelten als Allegorien Christi.

Vom psychologischen Gesichtspunkt aus weisen die Tierattribute Christi offensichtlich darauf hin, daß selbst der Sohn Gottes, die höchste Menschengestalt, zu seiner Ganzheit der Instinktnatur bedarf – ebenso wie seiner überlegenen Geistnatur. Somit wird nicht nur das Geistige, sondern auch das Naturhafte als numinos erlebt. Beides transzendiert die Ich-Persönlichkeit und wird darum dem Bereich des Göttlichen zugeordnet.

Erst Instinktnatur und Geistnatur vereint machen die Ganzheit des Menschen aus und stehen daher in einer nicht zu trennenden polaren Beziehung. In der Kunst und den Mythen vieler Kulturen wurde diese Zusammengehörigkeit immer wieder zum Ausdruck gebracht.

Diese von den Instinkten geprägte Beziehung zu seiner eigenen und der äußeren Natur hat der Mensch im Laufe der letzten Jahrhunderte immer mehr eingebüßt. Jung schreibt: »In dem Maße, wie unser wissenschaftliches Verständnis gewachsen ist, hat sich unsere Welt entmenschlicht. Der Mensch fühlt sich im Kosmos isoliert, weil er nicht mehr mit der Natur verbunden ist und seine emotionale, unbewußte Identität mit natürlichen Erscheinungen verloren hat. Diese haben allmählich ihren symbolischen Gehalt eingebüßt. Der Donner ist nicht mehr die Stimme eines zornigen Gottes und der Blitz nicht mehr sein strafendes Wurfgeschoß. In keinem Fluß wohnt mehr ein Geist, kein Baum ist das Lebensprinzip eines Mannes, keine Schlange die Verkörperung der Weisheit, keine Gebirgshöhle die Wohnung eines großen Dämons. Es sprechen keine Stimmen mehr aus Steinen, Pflanzen und Tieren zu den Menschen, und er selbst redet nicht mehr mit ihnen in dem Glauben, sie verstünden ihn. Sein Kontakt mit der Natur ist verlorengegangen und damit auch die starke emotionale Energie, die diese symbolische Verbindung bewirkt hatte.

Wenn wir heute von Materie sprechen, so in der Form einer möglichst exakten Beschreibung ihrer physikalischen Eigenschaften. Wir führen Laborexperimente durch, um einige ihrer Aspekte zu zeigen. Aber das Wort ›Materie‹ bleibt ein trockener und rein intellektueller Begriff, der für uns keinerlei psychische Bedeutung hat. Wie anders war dagegen das frühere Bild der Materie – der Großen Mutter –, welches die tiefe emotionale Bedeutung der Mutter Erde ausdrückte. Auf dieselbe Weise wird das, was der Geist war, heute mit dem Intellekt identifiziert und hört damit auf, der ›Vater‹ des Weltalls zu sein. Er ist zu den beschränkten Ich-Gedanken des Menschen degeneriert. Die gewaltige emotionale Energie, die in dem Bild ›Unser Vater‹ ausgedrückt war, versickert im Sand einer intellektuellen Wüste.«

Sich seiner mythischen Wurzeln zu besinnen und die verdrängte Instinktnatur ins Bewußtsein zu integrieren, wird eine wichtige Aufgabe für den modernen Menschen auf dem Weg zur Wiedergewinnung der Ganzheit sein – nicht mißzuverstehen als regressiver Rückschritt in Richtung Tierseele, sondern als wichtiges Regulativ für einen zu dominant gewordenen Intellekt. Denn wir schreiten zum Verständnis der Welt auf zwei Beinen. Dann gelingt vielleicht auch der nächste Schritt zu jener umfassenden Verbindung, die der tibetische Lama Govinda so ausgedrückt hat: »Verstand ohne Gefühl, Wissen ohne Liebe, Erkenntnis ohne Mitleid führen zu reiner Negation, zur Erstarrung, zum geistigen Tod, während Gefühl ohne Vernunft, Liebe ohne Erkenntnis (blinde Liebe), Mitleid ohne Wissen zu Verschwommenheit und völliger Auflösung führen. Wo aber beide Seiten vereint sind, wo die große Synthese von Herz und Geist, Gefühl und Verstand, höchster Liebe und tiefster Erkenntnis stattgefunden hat, dort ist die Ganzheit hergestellt«.

K.S.

Wissenschaft und Mystik

»Die Naturwissenschaftler kennen die Zweige des Wissens-Baumes, aber nicht seine Wurzeln. Die Mystiker kennen die Wurzeln des Wissens-Baumes, aber nicht seine Zweige.«

(Fritjof Capra, Atomphysiker)

»Langsam wird deutlich, daß die Trennung zwischen Geist und Körper einer der größten Aberglauben ist«, schrieb der 1973 verstorbene amerikanische Religionsphilosoph Alan Watts. Und er ergänzte: »Das bedeutet jedoch nicht, daß wir gezwungen sind, nur den Körper gelten zu lassen. Es bedeutet vielmehr, daß wir eine ganz und gar neue Auffassung vom Körper ins Leben rufen. Denn der Körper, vom Geist getrennt betrachtet, ist eine Sache, – ein beseelter Leichnam. Aber der Körper, den wir als untrennbar vom Geist ansehen, ist etwas anderes. Doch bisher haben wir noch kein eigenes Wort für eine Wirklichkeit, die gleichermaßen geistig und körperlich ist. Denn sie geistig-körperlich zu nennen, reicht nicht aus. Das wäre nur die unbefriedigende Verbindung zweier Begriffe, die beide durch lange Trennung und Gegnerschaft verarmt sind«.

Was der renommierte Religionswissenschaftler und Asienkenner bereits vor einem Vierteljahrhundert so prägnant formulierte, ist längst zur vertrauten Problematik westlicher Wissenschaft geworden. Seitdem sich die klassischen Methoden der Naturerforschung mehr und mehr als unzureichend erwiesen haben, mußten die Wissenschaftler viele liebgewonnene Modelle der Wirklichkeitsbeschreibung wieder fallenlassen. Und inzwischen sind die Naturforscher an einem Punkt angelangt, wo sie Watts Erkenntnis auf der ganzen Linie zu bestätigen scheinen.

Doch um die heutige Situation der Naturwissenschaft besser verstehen zu können, ist vielleicht ein kurzer Rückblick zu deren Wurzeln hilfreich. Sie reichen zurück bis ins sechste Jahrhundert vor Christus, in die Anfänge der griechischen Philosophie. In dieser Kultur waren Naturwissenschaft, Religion und Philosophie noch nicht getrennt, denn für die Weisen der noch stark mystisch geprägten Milesischen Schule gab es zwischen diesen Disziplinen keinen Unterschied. Ihr Ziel war die Entdeckung des Urgrunds oder der Urbeschaffenheit der Dinge, die sie »Physis« nannten. Der Begriff »Physik« ist von diesem griechischen Wort abgeleitet und bedeutet daher ursprünglich den Versuch, den Urgrund aller Dinge zu erkennen. Da die Mileter keinen Unterschied zwischen Geist und Materie, zwischen belebt und unbelebt sahen, wurden sie von den späteren Griechen »Hylozoisten« genannt, also jene, die glauben, daß Materie lebt. Und in der Tat hatten die Mileter nicht einmal ein Wort für Materie, da sie alle Daseinsformen als Manifestation der Physis betrachteten, ausgestattet mit Leben und Geist. Dem Philosophen und Mathematiker Thales erschienen all diese Daseinsformen durchdrungen von Göttern verschiedenster Art, und für Anaximander war das ganze Universum ein gewaltiger Organismus, der – ähnlich wie der menschliche Körper vom Sauerstoff – vom Pneuma, dem kosmischen Atem, durchdrungen ist.

Diese organische Sicht der Mileter hatte große Ähnlichkeit mit dem Weltbild der alten Inder und Chinesen, wobei in der Philosophie des Heraklit von Ephesus die Parallelen zur östlichen Gedankenwelt am deutlichsten zum Ausdruck kamen. Er glaubte an eine Welt des ewigen Werdens und des ständigen Wandels, in der alles statische Sein nur eine Täuschung ist. Er lehrte, daß allem Wandel in der Welt das dynamische und zyklische Zusammenspiel von Gegensätzen zugrundeliegt, wobei er jedes Paar von Gegensätzen jedoch letztlich als Einheit sah. Diese Einheit, die alle polaren Kräfte durchdringt, nannte er den »Logos«.

Die Spaltung dieser Einheit begann mit den Eleaten, die ein göttliches Prinzip jenseits von Göttern und Menschen annahmen. Zuerst wurde dieses Prinzip noch mit der Einheit des Universums identifiziert, doch nach und nach betrachtete man es immer mehr als persönlichen Gott, der die Welt nach seinem Willen lenkt. So begann eine Tendenz, die schließlich zur Trennung von Geist und Materie und damit zu dem für die westliche Philosophie charakteristischen Dualismus führte. Parmenides von Elea, der extremste Verfechter dieser Richtung, postulierte ein statisches, unveränderliches »Sein« als Grundprinzip, in dem jeglicher Wandel nichts weiter als eine Sinnestäuschung war. Aus dieser Idee einer unzerstörbaren Materie entstand schließlich der Begriff des Atoms als deren kleinster, unteilbarer Einheit. Für die griechischen Atomisten waren diese kleinsten Bausteine der Materie absolut passive, tote Teilchen in einem leeren Raum, womit sie eine klare Trennungslinie zwischen Geist und Materie zogen. Ausgehend von dieser antiken Ideenwelt schuf Aristoteles schließlich jenes Weltbild, das für rund zweitausend Jahre die westliche Vorstellung vom Universum prägte. Es war bestimmt von einer deutlichen Hinwendung zum Geistigen, zu Gott und zur menschlichen Seele, während alles Materielle, da ohnehin leblos, eher mit Geringschätzung bedacht wurde.

Dieses Weltbild, beharrlich gefördert von der christlichen Kirche, dominierte bis zur Renaissance. Erst im späten 15. Jahrhundert entwickelte der Mensch wieder Interesse an der Erforschung der Natur, wobei nun erstmals in wirklich wissenschaftlichem Geist experimentiert wurde, um Hypothesen auch stichhaltig belegen zu können. Parallel dazu stieg das Interesse an der Mathematik, und es war kein Geringerer als Galilei, der erstmals empirisches Wissen mit Mathematik kombinierte. Er gilt heute als Vater der modernen Wissenschaft.

Der Dualismus von Geist und Materie wurde indessen immer extremer und erreichte seinen vorläufigen Höhepunkt in der Philosophie René Descartes', der die Welt in zwei voneinander absolut unabhängige und getrennte Bereiche teilte: den des Geistes und den der Materie. Für die Wissenschaftler war die stoffliche Welt nun dank der Cartesianischen Teilung nichts anderes mehr als eine Ansammlung toter, in einer gewaltigen Maschine zusammengesetzter Objekte. Dieser Betrachtungsweise folgte auch Isaac Newton, der sein mechanistisches Weltbild ebenfalls auf dieser Basis aufbaute. Es bildete von der zweiten Hälfte des 17. bis zum Ende des 19. Jahrhunderts die Grundlage der klassischen Physik und beherrschte damit das gesamte wissenschaftliche Denken. Parallel dazu ging das Bild eines allmächtigen Gottes, der die Welt von oben mit seinen Gesetzen regierte. Descartes' Philosophie und Newtons Mechanik bestimmten in der Folge nicht nur die klassische Physik, sondern die gesamte westliche Denkweise. Descartes' berühmter Satz »Ich denke, also bin ich« mag entscheidend dazu beigetragen haben, daß sich der westliche Mensch immer mehr mit seinem Geist anstatt mit seinem gesamten Organismus identifizierte. Das von seinem Körper getrennte Ich-Bewußtsein wurde mehr und mehr zum willkürlichen Beherrscher des gesamten Organismus, wodurch immer größere Konflikte zwischen dem bewußten Willen und den unbewußten Instinkten entstanden.

Alan Watts beschreibt diesen Zustand so: »Der Dualismus von Geist und Körper entstand – so scheint es – als unbeholfener Versuch eines intelligenten Organismus, sich selbst zu beherrschen. Es schien vernünftig, sich den kontrollierten Teil – den Körper – als eine, den kontrollierenden Teil – den Geist – als eine andere Sache vorzustellen. So stand schließlich der bewußte Wille den ungewollten Trieben und die Vernunft dem Instinkt gegenüber. Gleichermaßen hat der Mensch gelernt, seine Identität und Persönlichkeit im kontrollierenden Teil anzusiedeln und in zunehmendem Maß den kontrollierten Teil zum bloßen Vehikel zu degradieren.

Diese radikale Trennung des kontrollierenden Teils vom kontrollierten hat den Menschen mittlerweile von einem selbst beherrschten zu einem sich selbst frustrierenden Organismus verändert, zu jenem verkörperten Konflikt und Selbstwiderspruch, der er im Verlauf seiner bekannten Geschichte geworden ist. Denn seitdem die Entzweiung einmal eingetreten ist, hat die bewußte Intelligenz begonnen, für ihre eigenen Zwecke zu sorgen anstatt für die jenes Organismus, der sie hervorgebracht hat.

Inzwischen jedoch ist die Illusion eines vom Körper getrennten Geistes genauso real wie die Halluzinationen der Hypnose. Der menschliche Organismus frustriert sich selbst durch Verhaltensmuster, die sich in höchst komplexen Teufelskreisen bewegen. Das Ergebnis ist eine Kultur, die immer mehr den Zielen mechanischer Ordnung dient, Zielen, die losgelöst sind von denen organischer Erbauung und einer harmonischen Beziehung zu einer gesunden Umwelt, von der man ein untrennbarer Bestandteil ist.

Die Folge dieser Entwicklung, die sich gegen den gesunden Instinkt vieler ihrer Mitglieder längst verselbständigt hat, ist eine Gesellschaft der Selbstzerstörung und der Zerstörung ihrer Umwelt. Doch das ist nur logisch, denn jemand, der seine Identität in etwas anderem findet als in seinem ganzen Organismus, ist weniger als ein halber Mensch. Er ist von vollständiger Teilnahme an der Natur abgeschnitten. Anstatt ein Körper zu sein, »hat« er einen Körper, anstatt zu leben und zu lieben, »hat« er Triebe zum Überleben und zur Kopulation. Derart verleugnet, treiben sie ihn wie blinde Furien und Dämonen.

Doch die in Jahrhunderten gewachsene Vorstellung einer vom Geist getrennten Materie läßt sich nicht so schnell überwinden. Noch immer beruht laut Watts unsere geläufige Ansicht über materiellen oder geistigen Stoff auf der falschen Analogie, daß Bäume aus Holz, Berge aus Stein und Bewußtsein aus Geist in der gleichen Weise gemacht sind wie Töpfe aus Ton. »Träge« Materie scheint eine äußerliche und vernunftbegabte Energie zu erfordern, um ihr Form zu geben. Inzwischen aber wissen wir, daß Materie nicht träge ist. Ob organisch oder anorganisch, sie offenbart sich in Form von Energiestrukturen – nicht von Energie als Stoff, sondern als energetisches Modell, als bewegende Ordnung und aktive Vernunft.

Newtons mechanistisches Weltbild sitzt jedoch immer noch tief in unserem Bewußtsein, obwohl seine Fundamente mit Beginn dieses Jahrhunderts immer mehr abzubröckeln begannen. Das fing an mit der Entdeckung elektrischer und magnetischer Phänomene, die in Newtons Theorie keinen Platz mehr hatten. Sie offenbarten mehr und mehr die Unvollständigkeit seines Modells, und mittlerweile wird der Begriff der »Materie« in der subatomaren Physik gänzlich anders definiert als noch in der klassischen Forschung. Das gleiche gilt für Begriffe wie Raum und Zeit oder Ursache und Wirkung.

Hand in Hand mit den Erkenntnissen in der subatomaren Physik ging zudem die Einsicht, daß das klassische Ideal einer wertfreien, objektiven Naturwissenschaft nicht mehr länger zu halten ist. Denn je tiefer die Forscher in das Mysterium der Materie eindrangen, um so deutlicher wurde, daß die in der Natur beobachteten Strukturen vom Bewußtsein und der psychischen Konditionierung des Beobachters nicht mehr länger zu trennen waren. Mit anderen Worten: Der Wissenschaftler steht nicht mehr als objektiver Beobachter außerhalb des Experiments, sondern ist ein Teil davon. Somit sind alle wissenschaftlichen Ergebnisse auch beeinflußt von den Begriffen, Gedanken und Wertvorstellungen des Forschers. Oder mit den Worten Werner Heisenbergs: »Wenn der Mensch die Natur erforscht, findet er letztlich keine objektive Wirklichkeit, sondern begegnet stets sich selbst«. Mit dieser Einsicht war der erste Brückenschlag zu Religion und Mystik getan.

Die Erkenntnisse der Quanten- und Relativitätstheorie, der beiden Grundpfeiler der modernen Physik, näherten sich wieder stark dem Weltbild des Heraklit. Die frappierendsten Übereinstimmungen mit ihren Erkenntnissen finden westliche Wissenschaftler jedoch inzwischen in den östlichen Weisheitslehren. So stellte Julius Robert Oppenheimer fest: »Die allgemeinen Vorstellungen über die menschliche Erkenntnis, wie sie durch die Atomphysik anschaulich wurden, sind keineswegs so fremd. Sogar in unserer eigenen Kultur haben sie ihre Geschichte, und im buddhistischen und hinduistischen Denken nehmen sie einen noch bedeutenderen Platz ein«.

Und Niels Bohr schrieb: »Um zur Lehre der Atomtheorie eine Parallele zu finden, müssen wir uns den erkenntnistheoretischen Problemen zuwenden, mit denen sich bereits Denker wie Buddha und Laotse auseinandergesetzt haben«. Ähnlich äußerten sich Werner Heisenberg und andere Forscher.

In seinem weltberühmten Buch »Das Tao der Physik« offenbart der Atomphysiker Fritjof Capra verblüffende Parallelen zu den Philosophien des Hinduismus, Buddhismus und Taoismus. Deren wichtigster Unterschied zur westlichen, mechanistischen Betrachtungsweise liegt zunächst einmal darin, daß sie die Welt organisch sehen, das heißt, sie setzen kein Universum voraus, in dem Geistiges und Materielles getrennt sind. Zwar sind auch diese Lehren auf einer Philosophie der Relativität gegründet, aber diese Philosophie ist nicht nur spekulativ. Sie ist vielmehr eine Disziplin im Bewußtsein, als deren Resultat die gemeinsame Wechselbeziehung aller Dinge und Geschehnisse ein permanentes, direktes Erlebnis wird. Dabei spielen körperliche Techniken wie Joga-Übungen, Atmung und vor allem Meditation eine wichtige Rolle.

Dieser direkten Wirklichkeitserfahrung diametral entgegengesetzt ist unsere rationale Betrachtungsweise der Welt als eine Ansammlung getrennter und verschiedener Dinge – eine Haltung, die in der buddhistischen Philosophie mit dem Begriff »Avidya« (Unwissenheit, Unkenntnis) bezeichnet wird, weil sie ausschließlich den Unterschieden Aufmerksamkeit widmet, die Beziehungen dagegen ignoriert. Sie sieht nicht, daß beispielsweise Geist und Form oder Gestalt und Raum so untrennbar miteinander verbunden sind wie vorne und hinten. Und sie sieht auch nicht, daß der einzelne so eng mit dem Universum verwoben ist, daß beide einen Körper bilden.

Alle Formen östlicher Mystik betonen immer wieder die grundsätzliche Einheit des Universums, in dem alle von unseren Sinnen wahrgenommenen Dinge und Ereignisse nur verschiedene Aspekte und Manifestationen derselben letzten Wirklichkeit sind. Sich dieser grundlegenden Einheit in der Vielheit bewußt zu werden und sein isoliertes Ego zu überwinden, ist das Ziel jedes praktizierenden Hindu, Buddhisten oder Taoisten. Diese Erfahrung umfaßt stets den ganzen Menschen, weshalb sie grundsätzlich religiöser Natur ist. Dementsprechend ist das östliche Bild vom Göttlichen nicht das eines omnipotenten Herrschers, der die Welt von oben lenkt, sondern eines Prinzips, welches alles von innen steuert. Im östlichen Denken ist das tiefste Zentrum des Individuums daher zugleich das tiefste Zentrum eines unentwegt dynamischen Universums, in dem alles mit allem zusammenhängt.

Doch wie stellen sich nun konkret die Parallelen zwischen mystischen Erfahrungen und den Erkenntnissen der modernen Naturwissenschaft dar? So paradox es klingen mag, ihre wichtigste Gemeinsamkeit finden sie zunächst nicht so sehr in sachlichen Aussagen als vielmehr in der Unmöglichkeit, solche zu formulieren. Oder mit anderen Worten: Beide Erfahrungen sind dadurch gekennzeichnet, daß sie die Bereiche der Sinne und des Intellekts überschreiten und somit auch mit den Begriffen unserer Sprache und Logik nicht ausgedrückt werden können. Fritjof Capra bedient sich, um diese Situation darzustellen, zweier Zitate: eines von einem Mystiker, das andere von einem Atomphysiker. So stellt der japanische Zen-Meister Daisetz Teitaro Suzuki fest: »Der Widerspruch, der unsere gewöhnliche Denkweise so verwirrt, kommt von der Tatsache, daß wir die Sprache benützen, um eine Erfahrung mitzuteilen, die ihrer ganzen Natur nach die Linguistik überschreitet.« Und der Physiker Werner Heisenberg notiert: »Die Probleme der Sprache sind hier doch sehr ernsthafter Natur. Wir wollen in irgendeiner Weise über die Struktur des Atoms sprechen, können in der gewöhnlichen Sprache aber nicht über die Atome selbst reden.«

Die Entdeckungen der Physik in den ersten drei Jahrzehnten unseres Jahrhunderts zwangen die Forscher zu einer vollkommen neuen Auffassung von Materie, von Zeit und Raum, von Ursache und Wirkung. Sie änderten radikal die gesamte Situation der Physik und damit auch das gesamte wissenschaftliche Weltbild. Die Forscher selbst waren darüber zutiefst erschüttert, und Albert Einstein bekannte in seiner Autobiographie: »Alle meine Versuche, die theoretischen Grundlagen der Physik dieser neuen Art von Wissen anzupassen, haben völlig versagt. Es war, als wenn mir der Boden unter den Füßen weggezogen worden wäre. Nirgendwo war ein festes Fundament in Sicht, auf dem man hätte aufbauen können.«

Er selbst war es dann freilich, der Anfang des Jahrhunderts die zwei revolutionärsten Denkrichtungen begründete und damit die Newtonsche Weltanschauung von absolutem Raum und absoluter Zeit, von stabilen Elementarpartikeln und einem streng kausalen Ablauf aller physikalischen Phänomene endgültig aus den Angeln hob. Die eine seiner beiden Großtaten war die Entwicklung der Relativitätstheorie, die andere bestand in einer neuen Betrachtungsweise der elektromagnetischen Strahlung, auf der die Quantentheorie aufbaut, die Theorie von Atomphänomenen.

Nach der Relativitätstheorie ist der Raum nicht mehr dreidimensional und die Zeit keine selbständige Einheit mehr. Beide hängen eng miteinander zusammen und bilden ein vierdimensionales Raum-Zeit-Kontinuum. In der Relativitätstheorie kann man daher nie von der Zeit sprechen, ohne den Raum miteinzubeziehen, – und umgekehrt. Außerdem gibt es keinen kontinuierlichen Zeitstrom mehr wie im Modell Newtons. In »Das Tao der Physik« schreibt Capra, dem hier im wesentlichen gefolgt werden soll: »Im Rahmen der Relativitätstheorie ordnen verschiedene Beobachter Ereignisse verschieden in der Zeit ein, wenn sie sich relativ zu den beobachteten Ereignissen mit verschiedenen Geschwindigkeiten bewegen. In einem solchen Fall können Ereignisse, die ein Beobachter als gleichzeitig sieht, anderen Beobachtern in verschiedenen zeitlichen Folgen erscheinen. Alle Messungen, die Zeit und Raum betreffen, verlieren hier ihre absolute Bedeutung. In der Relativitätstheorie wird der Newtonsche Begriff vom absoluten Raum als Bühne der physikalischen Erscheinungen ebenso aufgegeben wie der Begriff von der absoluten Zeit. Raum und Zeit werden zu bloßen Wörtern, die ein bestimmter Beobachter an einem bestimmten Ort zu einer bestimmten Zeit zur Beschreibung von beobachteten Phänomenen benutzt.

Die Begriffe von Raum und Zeit sind so grundlegend für die Beschreibung von Naturereignissen, daß deren Änderung eine Änderung unseres gesamten Systems der Naturbeschreibung zur Folge hat. Die wichtigste Konsequenz daraus ist die Erkenntnis, daß Masse nichts als eine Energieform ist. Selbst ein ruhendes Objekt enthält in seiner Masse Energie, wobei der Zusammenhang zwischen beiden durch die berühmte Formel $E = mc^2$ ausgedrückt wird. »c« ist dabei die Lichtgeschwindigkeit, die für die Relativitätstheorie von fundamentaler Bedeutung ist. Da also Raum hier niemals von der Zeit getrennt werden kann, wird die Zeit ebenso von der Anwesenheit der Materie beeinflußt und läuft somit in den verschiedenen Teilen des Universums verschieden ab. Damit schafft Einsteins allgemeine Relativitätstheorie die Begriffe »absoluter Raum« und »absolute Zeit« vollständig ab. Nicht nur alle Messungen, in denen Zeit und Raum auftreten, sind relativ, auch die gesamte Struktur des Raum-Zeit-Kontinuums ist abhängig von der Verteilung der Materie im Universum. Damit verliert auch der Begriff des »leeren Raums« seine klassische Bedeutung.«

Die beiden Begriffe des »leeren Raums« und der »festen Körper« sind indessen so tief in unseren Denkgewohnheiten verwurzelt, daß uns die Vorstellung einer Wirklichkeit, in der diese nicht mehr gültig sind, außerordentlich schwerfällt. Doch sobald wir uns nicht mehr in der sogenannten »Zone der mittleren Abmessungen« befinden, innerhalb derer die klassische Physik eine durchaus brauchbare Theorie bleibt, zwingen uns die modernen Erkenntnisse zu diesem Schritt. In der Kosmologie und Astrophysik mußten die Forscher den Begriff des »leeren Raums« jedenfalls vollständig aufgeben.

Nicht minder aufregend und verwirrend waren für die Wissenschaftler die Erkenntnisse der Atomphysik, der Wissenschaft vom unendlich Kleinen. Sie führten dazu, daß der Begriff des »festen Körpers« restlos auf der Strecke blieb. Bei den Experimenten entdeckte man, daß Atome kei-

neswegs die harten und festen Teilchen waren, für die man sie gehalten hatte. Sie erwiesen sich vielmehr als weiter Raum, in dem sich extrem kleine Teilchen, die Elektronen, um einen Kern bewegen, mit dem sie durch elektrische Kräfte verbunden sind. Um sich von den Dimensionen innerhalb dieser Mikrowelt eine Vorstellung machen zu können, benutzt Capra das Bild einer Apfelsine, die man auf die Größe unserer Erde aufbläht. Deren Atome, ein jedes normalerweise den hundertmillionsten Teil eines Zentimeters groß, hätten dann die Größe von Kirschen. Myriaden von Kirschen, dicht gepackt in eine Kugel von der Größe der Erde – das wäre das vergrößerte Abbild von den Atomen in einer Apfelsine.

Doch so winzig das Atom im Vergleich zu makroskopischen Objekten auch sein mag, verglichen mit dem Kern in seinem Zentrum ist es riesengroß. In dem kirschgroßen Atom wäre der Kern überhaupt nicht zu erkennen. Um ihn sichtbar zu machen, müßte man das Atom schon auf die Dimension des größten Domes der Welt, des Petersdomes in Rom, ausweiten. Darin hätte der Kern dann die Größe eines Sandkörnchens. Ein Sandkörnchen in der Mitte des Petersdomes und Staubteilchen, die durch den weiten Raum des Domes wirbeln, – so etwa lassen sich die Größenverhältnisse von Kern und Elektronen innerhalb eines Atoms veranschaulichen.

Was die Wissenschaftler jedoch am meisten verwirrte, war die merkwürdige Doppelnatur der subatomaren Einheiten der Materie. Wie auch das Licht, das sowohl als Teilchen wie auch als elektromagnetische Schwingung auftreten kann, erschienen sie einmal als Wellen, dann wieder als

Teilchen. Daher antwortete die Natur jedesmal, wenn ihr die Physiker mit einem atomaren Experiment eine Frage stellten, mit einem Paradox, bis sie begriffen hatten, daß diese Paradoxa zur inneren Struktur der Atomphysik gehören. Sie traten nämlich immer dann auf, wenn man versuchte, atomare Vorgänge mit den traditionellen Begriffen der Physik zu beschreiben.

Die Quantentheorie enthüllte schließlich, daß diese erstaunlichen Eigenschaften der Atome mit dem Wellencharakter der Elektronen zusammenhängen. Was die Materie so fest erscheinen läßt, ist das Resultat des sogenannten »Quanten-Effekts«, der auf der Doppelnatur Welle-Teilchen beruht. Es ist dies eine spezifische Eigenschaft der Elementarteilchen, zu der es im Makrokosmos keine Parallele gibt. Wann immer ein Teilchen nur einen kleinen Raum zur Verfügung hat, reagiert es auf diese Begrenzung mit Bewegung, die um so schneller wird, je enger der Raum ist.

Im Atom wirken also zwei entgegengesetzte Kräfte. Einerseits zieht der positiv geladene Kern die negativ geladenen Elektronen durch elektrische Anziehung so nah wie möglich an sich heran, andererseits reagieren diese auf ihre räumliche Beschränkung, indem sie herumwirbeln. Je dichter sie dabei an den Kern herangezogen werden, desto größer wird ihre Geschwindigkeit. Sie beträgt durchschnittlich neunhundert Kilometer pro Sekunde. Damit war die Frage beantwortet, was der Materie ihre Festigkeit verleiht. Ähnlich wie bei einem schnellaufenden Propeller, der als Scheibe erscheint, geben die extremen Geschwindigkeiten seiner Teilchen dem Atom Aussehen und Eigenschaften einer stabilen Kugel.

Um noch einmal Capra zu zitieren: »Die Hochenergie-Streuexperimente der vergangenen Jahrzehnte zeigten uns überzeugend die dynamische und ständig wechselnde Natur der Teilchen. Die Materie erschien in diesen Versuchen als völlig wandelbar. Alle Teilchen können in andere umgewandelt werden, können aus Energie entstehen und zu Energie zerfallen.«

Damit haben in der Atomphysik subatomare Teilchen als isolierte Gebilde keinerlei Bedeutung mehr. Die Festkörper der klassischen Physik lösen sich auf dieser Ebene vielmehr in wellenartige »Wahrscheinlichkeitsbilder« auf, »Wahrscheinlichkeitsbilder« jedoch nicht von Dingen, sondern von Zusammenhängen. Somit offenbarte die Quantentheorie die grundsätzliche Einheit des Universums und zeigte überzeugend, daß wir die Welt nicht in unabhängige kleinste Teilchen und isolierte Grundbausteine zerlegen können. Das ganze Universum erscheint vielmehr als dynamisches Gewebe von untrennbar miteinander verbundenen Energiestrukturen, in dem der Beobachter stets ein integraler Bestandteil ist. Es ist ein Universum, das verblüffende Ähnlichkeit hat mit jener Welt, die Mystiker aller Kulturen, vor allem aber des Ostens, immer wieder beschrieben haben.

Der Schlüsselbegriff, der die Zusammenhänge zwischen dem mystischen und dem naturwissenschaftlichen Weltbild am deutlichsten werden ließ, war der des Quantenfeldes, der den klassischen Gegensatz zwischen festen Teilchen und leerem Raum schließlich völlig aufhob. Die Besonderheit der Quanten-Elektrodynamik, so Capra, liegt dabei in der Kombination zweier Begriffe: dem des elektromagnetischen Feldes und dem des Photons als Teilchenaspekt elektromagnetischer Wellen. Da Photonen auch elektromagnetische Wellen und diese Wellen vibrierende Felder sind, müssen die Photonen Manifestationen elektromagnetischer Felder sein. Daher kann das Quantenfeld sowohl die Form von Quanten als auch von Teilchen annehmen.

Inzwischen wurde dieser Begriff auf die Beschreibung aller subatomaren Partikel und ihrer Wechselwirkungen ausgedehnt. Er drückt die fundamentale physikalische Einheit aus, jenes kontinuierliche Medium, das überall im Raum vorhanden ist und in dem Teilchen nichts anderes sind als örtliche Verdichtungen des Feldes, Konzentrationen von Energie. Oder mit den Worten Albert Einsteins: »Wir können daher Materie als den Bereich des Raumes betrachten, in dem das Feld extrem dicht ist. Insgesamt betrachtet gibt es jedoch in dieser neuen Physik keinen Platz mehr für beides, Feld und Materie, denn das Feld ist die einzige Realität.«

Diese Vorstellung von physikalischen Dingen und Erscheinungen als einer vergänglichen Manifestation der allem zugrundeliegenden fundamentalen Einheit entspricht auch der östlichen Weltanschauung. Wie Einstein betrachten die östlichen Mystiker die grundlegende Einheit als die einzige Wirklichkeit, während alle Erscheinungsformen als vorübergehend und illusorisch gelten. Sie sind, wie die Buddhisten, Hindus und Taoisten sagen, der relative Aspekt der Wirklichkeit, während die allen Phänomenen zugrundeliegende Realität jenseits aller Formen ist und sich weder definieren noch beschreiben läßt. Diese höchste Realität

wird im Buddhismus »Shunyata« genannt, die »Leere«, wobei diese »Leere« keinesfalls als bloßes »Nichts« mißverstanden werden darf, sondern als der dynamische, ewig schöpferische Urgrund allen Seins.

Der chinesische Begriff des »Ch'i« ist ebenfalls mit dem Quantenfeld der modernen Physik vergleichbar. Er bezeichnet – ähnlich wie das »Pneuma« des Heraklit – so etwas wie den kosmischen Äther oder die kosmische Energie, die das gesamte Universum durchdringt und belebt. In rhythmischen Zyklen verdichtet und verdünnt es sich unentwegt und läßt dabei unzählige Formen entstehen und wieder vergehen. In den Upanischaden der Hindus heißt es daher:

> In Ruhe bete er *Es* an,
> Als das, von dem er kommt,
> Als das, in dem er sich auflösen wird,
> Als das, in dem er atmet.

Den Physikern lieferte der Begriff des Quantenfeldes endlich die lang ersehnte Antwort auf die uralte Frage, ob die Materie aus unteilbaren Atomen oder aus einem zugrundeliegenden Kontinuum bestehe. Denn das Feld ist ein überall im Raum gegenwärtiges Kontinuum, das jedoch in seinem Teilchen-Aspekt eine diskontinuierliche »körnige« Struktur besitzt, einen »Schmutzeffekt«, wie es der Physiker Walter Thirring nannte. Die beiden widersprüchlichen Begriffe erwiesen sich somit nur als zwei verschiedene Aspekte ein und derselben Wirklichkeit. Deren Vereinigung vollzieht sich auf höchst dynamische Weise, indem sie sich unentwegt ineinander umwandeln. Östliche Mystiker haben diesen Prozeß in meditativer Versenkung immer wieder unmittelbar erlebt, und so sagt Lama Govinda: »Nur vom Erlebnis der Form können wir zu Erfahrung des Formlosen gelangen, und ohne das Erlebnis der »Leere« oder des Raumes verliert der Begriff der Form seine dynamische, lebendige Bedeutung.«

Am besten ist die Verschmelzung der beiden gegensätzlichen Aspekte wohl in jenem berühmten buddhistischen Sutra ausgedrückt:

»Form ist Leere, und Leere ist Form. Leere unterscheidet sich nicht von Form, und Form unterscheidet sich nicht von Leere. Was Form ist, das ist Leere, und was Leere ist, das ist Form.«

Die Erfahrung dieser Einheit hinter der Vielheit war noch für jeden Menschen ein tiefgreifendes, erschütterndes Erlebnis. Ein Zen-Meister verglich es mit dem Boden eines Eimers, der plötzlich durchbricht. Diesen Boden könnte man mit unserem Intellekt vergleichen, denn jede mystische Erfahrung ist dadurch gekennzeichnet, daß sie den unentwegt klassifizierenden, unterscheidenden, abstrahierenden Verstand überschreitet. Sie ist eine unmittelbare Erfahrung der absoluten Wirklichkeit, während der Intellekt immer nur deren relative Aspekte wahrzunehmen vermag und uns glauben läßt, die Landkarte sei das Land.

Daher beabsichtigt jede Art von Meditation, diesen ständig aktiven Verstand allmählich zur Ruhe zu bringen, um sich jenen psychischen Tiefen öffnen zu können, aus denen die Intuition ins Bewußtsein dringt. Sie nämlich ist es, die jene Ganzheitsschau der Wirklichkeit ermöglicht, in der die Unterschiede von Innen und Außen, von Gestalt und Raum, von Subjekt und Objekt zu verschmelzen beginnen. Dann wird klar, daß die von unserem Intellekt konstruierte Realität nur eine Art Abziehbild der Wirklichkeit ist, – »Maya«, wie die Hindus sagen, eine Illusion, die zwar für manche Bereiche des täglichen Lebens ganz praktisch sein mag, die aber – absolut gesehen – nichtsdestoweniger eine Illusion bleibt.

Um diese Illusion zu durchschauen, haben die verschiedenen östlichen Kulturen unterschiedliche Methoden entwickelt, in denen die Praxis der Meditation jedoch immer eine zentrale Rolle spielt. Im Gegensatz zu christlichen Traditionen, in denen die Meditation stets auf Gott ausgerichtet ist, geht es ihnen jedoch meist darum, das Bewußtsein aller Inhalte zu entleeren, um zur direkten Erfahrung der absoluten Wirklichkeit zu gelangen, von der man selbst – wie alle östlichen Weisheitslehren betonen – ein untrennbarer Bestandteil ist. Es ist die Buddhanatur, wie die Buddhisten sagen, die in jedem Wesen steckt. Jeder ist ein potentieller Buddha, doch fasziniert von dem Spiel der »Maya« vermag er dies nicht zu erkennen.

Interessanterweise hat auch die westliche Wisschenschaft – per Zufall – Mittel entdeckt, die auf beinahe schockierend einfache Weise mystische Erfahrungen ermöglichen können. Der Schweizer Pharmakologe Albert Hofmann stieß 1938 während seiner Experimente mit Mutterkornpilzen durch Zufall auf Lysergsäurediäthylamid, kurz LSD. Er hatte damit die stärkste bewußtseinserweiternde Droge entdeckt. Sie ähnelt in ihrer Wirkung stark dem Meskalin, dem aktiven Wirkstoff des Peyotl-Kaktus, der seit langem von den Indianern im Südwesten der USA und in Mexiko als rituelles Sakrament benutzt wird. Auch bei der Native American Church, einer seriösen christlichen Indianergemeinschaft, werden die getrockneten Köpfe der Pflanze als Hauptsakrament verzehrt. In den sechziger Jahren erfreute sich die Droge großer Beliebtheit in Amerikas Hippie-Kulturen, kurz danach auch in Europas alternativer Szene. Auch ernsthafte Psychologen beschäftigten sich mit den Wirkungen der Droge, bis sie 1966 auf den Index kam. Unter diesen seriösen Bewußtseinsforschern war auch Alan Watts, Amerikas vielleicht bedeutendster Religionsphilosoph. Er schrieb die Essenz seiner Erfahrung mit LSD in seinem Buch »Kosmologie der Freude« nieder. Neben Aldous Huxleys berühmter Darstellung einer Meskalin-Erfahrung in dem Buch »Die Pforten der Wahrnehmung« liefert uns Watts in diesem Werk die wohl aufregendste Schilderung zum Thema Mystizismus im Raumzeitalter. Aus seiner »Reise in ein neues Bewußtsein« sollen hier einige Passagen zitiert werden:

»Zunächst einmal hat diese Welt eine andere Zeit. Es ist die Zeit des biologischen Rhythmus, nicht die der Uhr und allem, was damit zusammenhängt. Es gibt keine Eile. Unser Zeitsinn ist bekanntlich subjektiv und daher abhängig von der Beschaffenheit unserer Aufmerksamkeit – ob aus Interesse oder Langeweile – und von der Anpassung unseres Verhaltens an Gewohnheiten, Ziele und Termine. Hier genügt die Gegenwart sich selbst, aber es ist keine statische Gegenwart. Es ist eine tanzende Gegenwart – die Entfaltung eines Musters, das kein bestimmtes Ziel in der Zukunft, sondern einfach seinen eigenen Sinn hat. Es entsteht und kommt gleichzeitig an; der Same ist ebenso ein Ziel wie die Blume. Man hat daher Zeit, jede Ein-

zelheit der Bewegung mit unendlich größerer Deutlichkeit wahrzunehmen. Gewöhnlich sehen wir die Dinge nicht so sehr an, wie wir sie übersehen. Die Augen sehen bestimmte Arten und Klassifizierungen – Blume, Blatt, Stein, Vogel, Feuer –, gedankliche Bilder der Dinge eher als die Dinge selbst, grobe Umrisse, gefüllt mit matter Farbe, immer ein wenig unklar und trübe.

Aber hier setzt die Tiefe des Lichts und der Struktur einer aufbrechenden Knospe sich unendlich fort. Man hat Zeit, sie zu sehen, Zeit, die ganze Verzweigung der Adern und Kapillaren im Bewußtsein zu entwickeln, Zeit, tiefer und tiefer in das Gebilde aus Grün zu blicken, das gar nicht grün ist, sondern ein ganzes Spektrum, das sich als Grün verallgemeinert – Purpur, Gold, das sonnenbeleuchtete Türkis des Ozeans, das intensive Leuchten des Smaragds. Ich kann nicht entscheiden, wo Gestalt endet und Farbe beginnt. Die Knospe hat sich geöffnet, und die frischen Blätter entfalten und biegen sich mit einer deutlichen kommunikativen Geste zurück, die aber nichts außer »So!« sagt. Und irgendwie genügt das, es ist sogar überraschend klar. Die Bedeutung ist in gleicher Weise durchsichtig wie es die Farbe und das Gefüge sind, mit einem Licht, das nicht von oben auf die Oberflächen zu fallen, sondern direkt in der Struktur und Farbe zu sein scheint. Wo es natürlich auch ist, denn Licht ist eine untrennbare Dreiheit aus Sonne, Gegenstand und Auge, – und die Chemie des Blattes ist seine Farbe, sein Licht. Gleichzeitig aber sind Farbe und Licht auch die Gabe des Auges an Blatt und Sonne. Transparenz ist die Eigenschaft des Augapfels, als erhellter Raum nach außen projiziert. Ich spüre langsam, daß die Welt gleichzeitig innerhalb und außerhalb meines Kopfes ist, und die beiden, das Innen und das Außen, beginnen sich gegenseitig zu umschließen oder zu »kappen« wie eine unendliche Reihe konzentrischer Sphären. Mir ist außergewöhnlich bewußt, daß alles, was meine Sinne erfassen, auch mein Körper ist, – daß Licht, Farbe, Form, Klang und Struktur Bedingungen und Eigenschaften des Gehirns sind, die der Außenwelt verliehen werden. Ich sehe die Welt nicht an, bin ihr nicht gegenübergestellt; ich erfahre sie dadurch, daß ich sie ständig in mich selbst umwandle, so daß alles um mich herum, der ganze Globus des Raumes, nicht mehr abseits von mir empfunden wird, sondern in der Mitte.

So umgewandelt ins Bewußtsein, in das elektrische, innere Leuchten der Nerven, scheint die Welt fast unstofflich. Die Festigkeit der Körper ist eine neurologische Erfindung, und ich frage mich: Schafft die Ordnung des Gehirns die Ordnung der Welt, oder die Ordnung der Welt das Gehirn?

Die stoffliche Welt besteht aus Schwingung, Summe, aber Schwingungen aus was? Dem Auge ist sie Form und Farbe; dem Ohr Klang; der Nase Geruch; den Fingern Gefühl. Aber dies sind alles verschiedene Sprachen für eine Sache, verschiedene Arten des Empfindens, verschiedene Dimensionen des Bewußtseins. Die Frage: ›Wovon sind sie verschiedene Formen des Bewußtseins?‹ scheint keine Bedeutung zu haben. Was für das Auge Licht ist, ist für das Ohr Klang. Ich habe die Vorstellung, die Sinne seien Begriffe, Formen oder Dimensionen nicht eines Dinges, das allen gemein ist, sondern voneinander, geschlossen in einem Kreis der Gegenseitigkeit. Bei genauer Betrach-

tung wird Gestalt Farbe, diese wird Schwingung, diese wird Klang, dieser wird Geruch, dieser wird Geschmack, dann Berührung und wieder Gestalt. Ich sehe, daß die Gestalt eines Blattes seine Farbe ist. Es gibt keine Kontur um das Blatt herum. Der Umriß ist die Grenze, wo eine Farbfläche in eine andere übergeht.

Ich sehe alle diese Sinnesdimensionen als runden Tanz, Gestikulation eines Musters, das in die Gestikulationen eines anderen Musters verwandelt wird. Und diese Gestikulationen fließen durch einen Raum, der wiederum eine andere Dimension hat, die ich als Töne emotionaler Färbung beschreiben möchte, als Licht oder Klang mit Freude oder Angst erfüllt, goldglücklich oder bleibedrückt. Auch diese bilden einen Kreis des gegenseitigen Wechsels, ein rundes Spektrum, das so polarisiert ist, daß wir jeden nur mit den Begriffen des anderen beschreiben können.

Manchmal ist die stoffliche Welt nicht so sehr ein Tanz aus Gesten als eine gewebte Struktur. Licht, Klang, Gefühl, Geschmack und Geruch werden zu einer durchgehenden Kette mit dem Gefühl, daß die ganze Dimension der sinnlichen Wahrnehmung ein einziges Kontinuum oder Feld ist. Kreuzweise zur Kette liegt der Schuß, der die Dimension der Bedeutung repräsentiert; moralische und ästhetische Werte, persönliche oder individuelle Einmaligkeit, logische Bedeutung und Ausdrucksform. Diese beiden Dimensionen durchdringen sich gegenseitig, so daß die wahrnehmbaren Formen wie ein Kräuseln des Wassers der Sinne erscheinen. Kette und Schuß strömen zusammen, denn das Weben ist weder flach noch statisch, sondern ein in viele Richtungen gehender

Kreuzfluß aus Impulsen, die das ganze Volumen des Raumes füllen.

Ich fühle, daß die Welt auf etwas ist, ungefähr so wie eine Farbfotografie auf einem Film, der die Unterlage bildet und die Farbflecke verbindet. Allerdings ist der Film hier ein dichter Energieregen. Ich sehe, daß das, worauf er ist, mein Gehirn ist, – der ›zauberhafte Webstuhl‹, wie Sherrington (Sir Charles Scott Sherrington, 1857-1952, englischer Physiologe, erhielt 1932 mit E.D. Adrian den Nobelpreis für die Erforschung des Neurons) es nannte. Gehirn und Welt, Kette der Sinne und Schuß der Bedeutung scheinen sich untrennbar zu durchdringen. Sie halten ihre Begrenzungen derartig gemeinsam, daß sie sich gegenseitig definieren und daß das eine ohne das andere nicht möglich wäre.

Dieses Thema kehrt in etlichen Variationen wieder, – die untrennbare Polarität der Gegensätze oder die Gemeinsamkeit und Gegenseitigkeit von all den möglichen Inhalten des Bewußtseins. Es ist theoretisch leicht einzusehen, daß alle Wahrnehmung aus Kontrasten besteht, – Figur und Hintergrund, Licht und Schatten, deutlich und verschwommen, fest und schwach. Aber die normale Aufmerksamkeit scheint Schwierigkeiten zu haben, beides gleichzeitig aufzunehmen. Sinnlich wie begriffsmäßig bewegen wir uns anscheinend der Reihe nach vom einen zum anderen. Wir sind scheinbar nicht fähig, die Figur ohne ein relatives Unbewußtsein des Hintergrundes wahrzunehmen.

Aber in dieser neuen Welt ist die gegenseitige Gemeinsamkeit der Dinge auf jeder Ebene ersichtlich. Das menschliche Gesicht etwa wird in allen seinen Aspekten deutlich, – die gesamte Form mit jedem einzelnen Haar und jeder Falte. Gesichter haben alle Altersstufen gleichzeitig, denn die Merkmale, die auf das Alter deuten, deuten ebenso auf die Jugend; die knochige Struktur, die den Totenschädel andeutet, erinnert sofort an das neugeborene Kind.

Die Assoziationskupplungen scheinen gleichzeitig zu feuern, anstatt eine nach der anderen, und projizieren eine Ansicht des Lebens, die erschreckend sein kann in ihrer Zweideutigkeit oder aber freudig in ihrer Integrität.

Während ich versuche, den Handelnden hinter der Handlung zu finden, die motivierende Kraft im Grunde dieser ganzen Sache, sehe ich scheinbar nur eine unendliche Zweideutigkeit. Hinter der Maske der Liebe finde ich meinen angeborenen Egoismus. Die Schwierigkeit ist die, daß ich nicht die Rückseite, geschweige denn das Innere meines Kopfes sehen kann. So kann ich auch nicht ehrlich sein, solange ich nicht total weiß, was ich bin. Das Bewußtsein schaut aus einem Zentrum, das es selbst nicht sehen kann, – und das ist der Kern der Sache. Das Leben scheint sich zurückführen zu lassen bis hinunter auf einen winzigen Keim der Empfindlichkeit – ein sich windender Nukleus, der sich selbst zu begatten versucht, es aber nie ganz schafft.

Ich versuche tiefer zu gehen, versenke Gedanke und Gefühl hinab und tiefer hinab bis zu ihren endgültigen Anfängen. In welcher Form kenne ich mich eigentlich? Immer, so scheint es, in der Form von etwas anderem, etwas Fremdem. Die Landschaft, die ich beobachte, ist auch ein Zustand von mir, von den Neuronen in meinem Kopf. Im

Grunde gibt es keine Möglichkeit, Eigenes vom anderen zu trennen, Selbstliebe von Liebe zum anderen. Alles Wissen vom Selbst ist Wissen vom anderen und alles Wissen vom anderen ist Wissen vom Selbst. Ich sehe, daß das Selbst und das andere, das Bekannte und das Fremde, das Innere und das Äußere, das Vorhersehbare und das Unvorhersehbare sich gegenseitig bedingen. Das eine ist das Suchen, das andere das Verstecken, und je mehr mir bewußt wird, daß das eine das andere bedingt, desto mehr empfinde ich, daß beide eins sind. Ich werde sonderbar liebevoll und intim mit allem, was mir fremd schien. In den Merkmalen von allem Fremden, Drohenden, Schrecklichen, Unverständlichen und Entfernten beginne ich mich selbst zu erkennen. Allerdings ist dies ein »Selbst«, an das ich mich von langer, langer Zeit her zu erinnern scheine, – ganz und gar nicht mein empirisches Ego von gestern, nicht meine blendende Persönlichkeit.

Das »Selbst«, das ich beginne zu erkennen, das ich vergessen hatte, aber tatsächlich besser kenne als alles andere, geht bis weit vor meine Kindheit zurück, liegt vor der Zeit, in der die Erwachsenen mich verwirrten und mir einzureden versuchten, ich sei ein anderer. Lange vor alldem, lange bevor ich als Embryo in der Gebärmutter lag, da trat der bekannte Fremde in Erscheinung, der alles ist, was ich nicht bin. Ihn erkenne ich wieder, mit einer unermeßlichen Freude, erkenne ihn wieder als mein ursprüngliches Selbst.

Gleichzeitig habe ich das Gefühl, daß jeder und alles um mich herum schon immer da war, aber vergessen und dann wiederentdeckt wurde. Die Menschen, die bei mir sind, sind nicht mehr die alltägli-chen, geplagten kleinen Persönlichkeiten mit Namen, Adressen und Altersversichungsnummern, – jene spezifisch datierten Sterblichen, die wir zu sein vorgeben.

Sie erscheinen eher als ihre eigenen unsterblichen Archetypen, ohne jedoch ihre Menschlichkeit zu verlieren. Es ist nur so, als ob ihre verschiedenen Charaktere die ganze Geschichte enthalten. Sie sind gleichzeitig einmalig und ewig, Männer und Frauen, aber auch Götter und Göttinnen. Denn jetzt, da wir Zeit haben, uns anzusehen, werden wir zeitlos. Die menschliche Form wird unermeßlich kostbar, die Augen werden intelligente Juwelen, das Haar gesponnenes Gold und das Fleisch durchscheinendes Elfenbein.

Ich versuche Worte zu finden, die den numinosen, mythologischen Charakater dieser Leute andeuten. Gleichzeitig sind sie mir wiederum so vertraut, als kenne ich sie schon seit Jahrhunderten, oder vielmehr als erkenne ich sie wieder als verlorene Freunde, die ich am Anfang aller Zeiten kannte, aus einem Land, das vor den Welten geschaffen wurde. Dies hängt natürlich zusammen mit dem Wiedererkennen meiner eigenen urältesten Identität, als ob die höchste Form, die das Bewußtsein annehmen kann, irgendwie ganz am Anfang der Dinge gegenwärtig war. Wir alle sehen uns gegenseitig wissend an, denn das Gefühl, daß wir uns in der entferntesten Vergangenheit gekannt haben, verbirgt etwas anderes – stillschweigend, ehrfurchtgebietend, fast unerwähnbar –, nämlich die Erkenntnis, daß wir im tiefen Zentrum einer Zeit, die senkrecht zu der gewöhnlichen Zeit verläuft, eins sind und immer eins gewesen sind. Wir erkennen die wunderbar versteckte

Verschwörung, die Meisterillusion, wodurch wir verschieden erscheinen.

Gewöhnlich bin ich in einem Irrgarten verloren. Ich weiß nicht, wie ich dorthin gelangt bin, denn ich habe den Faden verloren und das System der kompliziert gewundenen Gänge, durch die das Versteckspiel verlief, vergessen. Aber jetzt ist das Prinzip des Irrgartens klar. Es ist der Dreh der Zurückführung von etwas auf sich selbst, so daß es etwas anderes zu sein scheint. Und die Drehungen waren so zahlreich und schwindelerregend komplex, daß ich ziemlich verwirrt bin. Das Prinzip ist, daß alle Dualität und Gegensätze nicht zusammenhanglos, sondern polar sind. Sie treffen und konfrontieren sich nicht von weither kommend, sondern sie entfalten sich aus einem gemeinsamen Zentrum. Doch die von unserem Denken geschaffene Unterscheidung zwischen Vorder- und Rückseite, zwischen Sein und Nichtsein verdeckt ihre Einheit und Gegenseitigkeit.

Nun ist Bewußtsein, die Sinneswahrnehmung, immer eine Empfindung der Kontraste. Es ist eine Spezialisierung in Unterschieden, im Beachten, und nichts ist definierbar, klassifizierbar oder beachtbar außer durch Kontrast mit etwas anderem. Aber der Mensch lebt nicht durch sein Bewußtsein allein, denn die lineare, Schritt-für-Schritt-, Kontrast-durch-Kontrast-Prozedur der Aufmerksamkeit ist gänzlich unzulänglich für die Organisation von etwas so Komplexem wie es ein lebender Körper ist. Der Körper selbst hat ein Allwissen, das unbewußt, oder besser: überbewußt ist, denn er hat mit der Relation statt mit Kontrast zu tun, mit Harmonien eher als mit Disharmonien. Er »denkt« oder organisiert so wie eine Pflanze

wächst, nicht wie der Botaniker ihr Wachstum beschreibt.

In dieser Art von Erlebnis, das ich beschreibe, scheint es, daß die überbewußte Art der Wahrnehmung bewußt wird. Wir sehen die Welt, wie der ganze Körper sie sieht, und deshalb gibt es die größte Schwierigkeit bei dem Versuch, diese Art und Weise der Wahrnehmung in eine Sprachform zu übersetzen, die auf Gegensatz und Klassifizierung beruht. Denn was unser normales Bewußtsein übersieht, ist die Tatsache, daß alle Grenzen und Trennungen gemeinsam durch ihre gegensätzlichen Seiten und Gebiete eingehalten werden, so daß, wenn eine Seite sich verändert, beide Seiten sich zusammen bewegen. Es ist wie das Yin-Yang-Symbol der Chinesen, der schwarze und der weiße Fisch, getrennt durch eine S-Kurve innerhalb eines Kreises. Der anschwellende Kopf des einen ist der sich verjüngende Schwanz des anderen. Aber wieviel schwieriger ist es zu sehen, daß meine Haut und ihre Bewegung sowohl zu mir als auch zu der äußeren Welt gehören.

Ich betrachte etwas, das ich normalerweise als ein Durcheinander von Sträuchern bezeichnen würde, – ein Knäuel aus Pflanzen und Unkraut mit Ästen und Blättern, die in alle Richtungen gehen. Aber jetzt, da der organisierende und bezugnehmende Geist obenauf ist, sehe ich, daß das, was durcheinander ist, nicht die Sträucher sind, sondern meine plumpe Methode des Denkens. Jeder Zweig ist am richtigen Platz und die Verschlingung ist zu einer Arabeske geworden, feiner angeordnet als das sagenhafte Gekritzel auf den Rändern keltischer Handschriften. Im gleichen Bewußtseinszustand habe ich eine Waldlandschaft im Herbst gesehen, mit der ganzen Vielfalt der fast kahlen Äste und Zweige als Silhouette gegen den Himmel, nicht als Durcheinander, sondern als Spitzenarbeit oder die Liniengravierung eines zauberhaften Juweliers. Ein morscher Baumstamm mit pilzartigen Gewächsen und Moosflecken wurde so kostbar wie ein Werk von Cellini, – eine innerlich leuchtende Konstruktion aus Jett, Bernstein, Jade und Elfenbein. Der ganze poröse und schwammige Zerfall des Holzes schien mit unendlichem Können und Geduld herausgemeißelt zu sein.

Eine Reise in diese neue Bewußtseinsart gibt einem ein wunderbar erhöhtes Verständnis der Musterung in der Natur, eine Faszination, tiefer denn je, der Struktur des Farnkrauts, der Formation der Kristalle, der Markierungen auf Meeresmuscheln, der unglaublichen Juwelierung solcher einzelligen Kreaturen des Ozeans wie der Radiolaria, der märchenhaften Architektur der Samen und Hülsen, der Ingenieurkunst der Knochen und Skelette, der Aerodynamik der Federn und der erstaunlichen Üppigkeit der Augen-Formen auf den Flügeln der Schmetterlinge und Vögel. Diese ganze komplizierte Feinheit der Organisation mag von einem Standpunkt aus gesehen streng funktionell sein für die Zwecke der Fortpflanzung und des Überlebens. Aber wenn man ganz darauf eingeht, dann ist das Überleben dieser Geschöpfe dasselbe wie ihre eigentliche Existenz, – und wofür ist die?

Mehr und mehr scheint es, daß die Anordnung der Natur eine der Musik verwandte Kunst ist, – Fugen in Schale und Knorpel, Kontrapunkt in Fasern und Kapillaren, pochender Rhythmus in Wellen des Klangs, des Lichts und der Nerven. Und man selbst ist ganz unentwirrbar damit verbunden, – ein Knoten, ein Ganglion, ein elektronisches Verweben von Pfaden, Schaltungen und Impulsen, das summt und sich durch die Gesamtheit der Zeit und des Raumes erstreckt. Das ganze Muster dreht sich in seiner Komplexität wie Rauch in Sonnenstrahlen oder das kräuselnde Netzwerk des Sonnenlichts auf dem Wasser. Sich selbst endlos in sich selbst umwandelnd, bleibt allein das Muster. Die Kreuzpunkte, Knoten, Netze und Schnörkel verschwinden unaufhörlich eins ins andere. ›Der grundlose Stoff dieser Vision‹! Sie ist ihr eigener Grund! Wenn sich der Boden unter mir auflöst, schwebe ich.

In dieser Welt ist nichts verkehrt, nicht einmal dumm. Das Gefühl des Verkehrtseins ist einfach die Unfähigkeit, zu sehen, wo etwas in ein Muster paßt, verwirrt zu sein in Bezug auf die hierarchische Ebene, zu der ein Ereignis gehört. Es ist das ewige Spiel des kosmologischen Eins-zu-Null, des Yin und des Yang, des dunklen und des lichten Prinzips, das in einem frühen Stadium der Entwicklung eine ernsthafte Schlacht zwischen Gut und Böse zu sein scheint. Und je mehr prosaisch, je mehr schrecklich alltäglich jemand oder etwas zu sein scheint, desto mehr bewegt es mich zur Bewunderung der Genialität, mit welcher das Göttliche sich versteckt, um sich zu finden, der Weitschweifigkeit, zu der diese kosmische »joie de vivre« in der Ausarbeitung ihres Tanzes fähig ist. In der Kontrastwelt des gewöhnlichen Bewußtseins fühlt sich der Mensch – als Wille – als etwas in der Natur, aber nicht als Teil davon. Er mag sie oder er mag sie nicht. Er akzeptiert sie oder er wehrt sich gegen sie. Aber in dem grundlegenden Überbewußtsein des ganzen Organismus existiert diese Trennung nicht. Der Organismus und die ihn umgebende Welt sind ein einziges, integriertes Aktionsmuster, in dem es weder Subjekt noch Objekt gibt. Auf dieser Ebene gibt es nicht ein Ding, das man Schmerz nennt, und ein anderes, das man »ich« nennt, dem der Schmerz mißfällt. Schmerz und die Reaktion auf Schmerz sind ein und dasselbe. Wenn dies bewußt wird, fühlt es sich an, als sei alles, was passiert, mein eigener Wille. Das Aktive und das Passive verschmelzen zu zwei Phasen desselben Aktes.

Es ist diese lebhafte Erkenntnis der Gegenseitigkeit von Wille und Welt, aktiv und passiv, innen und außen, selbst und nicht selbst, die den Aspekt dieser Erfahrungen hervorruft, der vom gewöhnlichen Standpunkt aus so rätselhaft ist: die fremdartige und scheinbar unfromme Überzeugung, daß ›ich‹ Gott bin. In der westlichen Kultur wird eine derartige Empfindung als wahres Zeichen des Wahnsinns angesehen. Aber in Indien beispielsweise ist es eine Selbstverständlichkeit, daß das tiefste Zentrum des Menschen, Atman, das tiefste Zentrum des Universums, Brahman, ist.

Natürlich, das ›Ich‹, das Gott ist, ist nicht das Ego, jenes Bewußtsein, das gleichzeitig ein Unbewußtsein der Tatsache ist, daß seine äußeren Grenzen die inneren Grenzen der übrigen Welt bilden. Aber in diesem breiteren, weniger unwissenden Bewußtsein bin ich gezwungen zu sehen, daß alles, was ich behaupte zu wollen und zu beabsichtigen, eine gemeinsame Grenze hat mit allem, dem ich vermeintlich absage. Die Grenze von dem, was ich will, die Form und Gestalt aller jener Handlungen, die ich als die meinigen beanspruche, sind identisch und zusammenendend mit den Grenzen aller jener Ereignisse, die man mich als fremd und äußerlich zu definieren gelehrt hat.

Das Gefühl des Selbst ist nicht mehr beschränkt auf die Innenseite der Haut. Stattdessen scheint mein individuelles Wesen aus dem übrigen Universum zu wachsen wie ein Haar aus dem Kopf oder ein Glied aus dem Körper, so daß mein Zentrum auch das Zentrum des Ganzen ist. Ich merke, daß ich im gewöhnlichen Bewußtseinszustand gewohnheitsmäßig versuche, mich von dieser Totalität wegzuringen, mich ständig in der Defensive befinde. Aber was versuche ich zu verteidigen? Nur selten ist meine defensive Haltung direkt damit beschäftigt, körperliche Schäden oder Entbehrungen fernzuhalten. Meist verteidige ich meine Verteidigung: Ringe um Ringe um Ringe um nichts, – Wächter innerhalb einer Festung innerhalb Verschanzungen innerhalb einer Radar-Abschirmung. Der militärische Krieg ist die äußere Parodie des Krieges des Egos gegen die Welt.

Ich verfolge mich zurück durch das Labyrinth meines Gehirns, durch die unzähligen Windungen, womit ich mich abgeringt und – durch ständiges Kreisen – den ursprünglichen Pfad verwischt habe, auf dem ich diesen Wald betrat. Zurück durch alle Tunnel, zurück durch die abwegige Standes- und Überlebensstrategie des Erwachsenenlebens, durch die endlosen Gänge, an die wir uns in Träumen erinnern, all die Straßen, die wir jemals bereist haben, die Korridore der Schulen, die geschlängelten Pfade zwischen den Tisch- und Stuhlbeinen, wo man als Kind herumkrabbelte, den engen und blutigen Ausgang vom Mutterleib, die zeitlosen Wanderungen durch Leitungen und schwammige Höhlen. Hinunter und zurück durch immer enger werdende Kanäle zu dem Punkt, wo der Durchgang der Reisende selber ist, – eine dünne Reihe aus Molekülen im Versuch, sich in die richtige Ordnung zu einer Einheit organischen Lebens zu bringen. Unablässig zurück und zurück durch endlose und drehende Tänze in den astronomisch proportionierten Räumen, die die ursprünglichen Nukleonen der Welt umgeben, die Zentren der Zentren, so weit entfernt auf der Innenseite wie die Sternennebel jenseits unserer Galaxis auf der Außenseite.

Hinunter und endlich hinaus, – hinaus aus dem kosmischen Irrgarten, um darin den verwirrten Reisenden als mich selbst zu erkennen, die vergessene und doch bekannte Empfindung des Urimpulses aller Dinge, höchste Identität, innerstes Licht, letztes Zentrum, selbst mehr ich als ich selbst. Mitten im Garten stehend fühle ich, mit einem Frieden so tief, daß er singt, mit der ganzen Welt geteilt zu werden, daß ich endlich dazugehöre, daß ich zu dem Zuhause hinter dem Zuhause zurückgekehrt bin.

Mehr und mehr fühle ich mein Verstehen erwachen zu einer kolossalen Klarheit, als ob alles sich öffnete bis hinunter zu den Wurzeln meines Wesens und selbst zu denen der Zeit und des Raums. Der Sinn der Welt wird völlig offensichtlich. Ich bin betroffen mit Verwunderung, daß ich oder irgend jemand gedacht haben könnte, das Leben sei ein Problem oder ein Geheimnis. Denn jeder von uns, so wie er da ist, ist vollkommen, auch wenn er es nicht weiß. Das Leben ist im Grunde eine Ge-

ste, aber keiner, kein Ding macht sie. Es gibt keine Notwendigkeit dafür, daß sie geschieht, und keine, daß sie weiterhin geschieht. Denn sie wird nicht von irgend etwas getrieben; sie passiert frei aus sich heraus. Es ist eine Geste aus Bewegung, Klang und Farbe, und keiner macht sie, sie geschieht keinem. Es gibt einfach kein Lebensproblem; es ist ein Spiel ganz ohne Ziel, – Lebensfreude, die ihr eigener Zweck ist.

Zeit, Raum und Vielfalt sind nur Komplikationen der Geste. Und es gibt überhaupt keinen Grund, sie zu erklären, denn Erklärungen sind nur eine andere Form der Komplexität, eine neue Manifestation des Lebens auf das Leben, eine gestikulierende Geste. Schmerz und Leid sind einfach extreme Formen des Spiels, doch es gibt im ganzen Universum nichts, wovor man Angst haben müßte, weil es niemandem passiert. Es gibt keinerlei substantielles Ego. Das Ego ist eine Art Schalter, ein Wissen des Wissens, ein Fürchten des Fürchtens. Es ist ein Anhängsel, eine Zugabe zur Erfahrung, eine Art Spätzündung oder Widerhall, ein Bibbern des Bewußtseins, was das gleiche wie Angst ist.

In seinem gewöhnlichen Bewußtsein lebt der Mensch wie jemand, der in einer überempfindlichen Echokammer zu sprechen versucht; er kann nur vorankommen, indem er die endlos schnatternden Reflexionen seiner Stimme hartnäckig überhört. Denn im Gehirn gibt es Echos und reflektierte Bilder in jeder Dimension der Sinne, der Gedanken und Gefühle, die in den Tunneln der Erinnerung immer weiter und weiter schnattern. Die Schwierigkeit besteht darin, daß wir dieses Speichern der Information verwechseln mit einem intelligenten Kommentar über das, was wir im Moment tun, daß wir das Rohmaterial der Daten, mit dem die Intelligenz arbeitet, für die Intelligenz halten. Selbstbewußtsein bewirkt, wie zuviel Alkohol, daß wir uns doppelt sehen, und wir halten das Doppelbild für zwei Selbst: Geistig und materiell, kontrollierend und kontrolliert, spontan und reflektierend. Anstatt zu leiden, leiden wir wegen Leiden.

Wie schon immer gesagt wurde: Klarheit kommt mit der Aufgabe des Ego. Das bedeutet, daß wir aufhören, diesen Echos und Spiegelbildern Selbstheit zuzusprechen, sonst stehen wir in einer Spiegelhalle, tanzen zögernd und unentschieden, weil wir uns von den Spiegelbildern leiten lassen. Wir bewegen uns in Kreisen, weil wir dem folgen, was wir schon getan haben. So haben wir den Kontakt zu unserer ursprünglichen Identität verloren, die nicht das System aus Spiegelbildern ist, sondern die große sich-selbst-bewegende Geste dieses noch nicht erinnerten Moments. Die Gabe der Erinnerung und Zeitverbindung schafft die Illusion, daß die Vergangenheit zur Gegenwart steht wie der Handelnde zur Handlung, Beweger zum Bewegten. Wenn wir so von der Vergangenheit leben, daß die Echos die Führung übernehmen, sind wir nicht wirklich hier und immer etwas zu spät für das Fest. Gibt es jedoch etwas offensichtliches als die Tatsache, daß die Vergangenheit der Gegenwart folgt wie ein Kometenschweif?

Abend beschließt einen Tag, der seit dem Anbeginn der Welt zu dauern schien. Den ganzen Tag, in Welle auf Welle und von allen Richtungen des Gehirnkompasses, überkam mich immer wieder die Empfindung, daß meine ursprüngliche Identität eins ist mit dem eigentlichen Fluß des Universums. Ich habe auch gesehen, daß der Fluß sich selbst als Quelle hat und sein eigenes Motiv ist, der Geist sein ungebundenes Spiel, das den vieldimensionierten Tanz des Lebens spielt. Es bleibt kein Problem übrig, aber wer wird es glauben? Werde ich es selbst glauben, wenn ich zum normalen Bewußtsein zurückkehre? Doch kann ich im Moment sehen, daß das nichts ausmacht. Das Spiel ist ein Verstecken und Suchen oder Verlieren und Finden, – und es gehört zum Spiel, daß man sich dabei tatsächlich sehr verlaufen kann. Wie weit kann man also gehen, bis man sich findet?

Wie eine Antwort auf meine Frage erscheint vor meinen geschlossenen Augen eine Vision in symbolischer Form von dem, was Eliot »den stillen Punkt der drehenden Welt« genannt hat. Ich schaue hinunter auf den Boden eines riesigen Vorhofs wie von einem Fenster hoch oben in der Wand. Der Boden und die Wände sind ganz mit keramischen Fliesen bedeckt, die dicht verflochtene Arabesken in Gold, Purpur und Blau zeigen. Die Szene könnte der Vorhof eines persischen Palastes sein, wäre sie nicht von solch riesigen Ausmaßen und ihre Farben nicht von solch übernatürlicher Transparenz. In der Mitte des Bodens ist eine große eingelassene Arena, geformt wie eine Kombination aus Stern und Rose, abgegrenzt mit einem Streifen aus Kacheln, von dem man annehmen könnte, er sei die feinste Einlegearbeit aus Zinnoberrot, Gold und Obsidian.

In dieser Arena findet eine Art Ritual im Takt mit der Musik statt. Zuerst ist die Stimmung feierlich und königlich, als ob das Offiziere und Höflinge in reichhaltiger Rüstung und vielfarbigen Umhängen wären, die vor ihrem König tanzen. Während ich beobachte, ändert sich die Stimmung. Die Höflinge werden Engel mit Flügeln aus goldenem Feuer, und in der Mitte der Arena erscheint eine blendende Flammenlohe. Ich schaue in die Lohe und sehe für einen Augenblick ein Gesicht, das mich an den Christos Pantocrator der byzantinischen Mosaiken erinnert, und ich fühle, daß die Engel sich zurückziehen, die Flügel vor ihren Gesichtern in einer Geste der Ehrfurcht. Aber das Gesicht löst sich auf. Die Flammenlohe wird heller und heller, und ich bemerke, daß die geflügelten Wesen sich nicht aus Ehrfurcht zurückziehen, sondern in einer Geste der Zärtlichkeit, – denn die Flamme kennt keinen Zorn. Ihre Wärme und Ausstrahlung – »Zungen der gefalteten Flamme« – sind ein so zärtliches Aufblühen der Liebe, daß ich spüre, das Herz aller Herzen gesehen zu haben.«

Manche der von Alan Watts geschilderten Eindrücke unter dem Einfluß einer bewußtseinserweiternden Droge erinnern in erstaunlicher Weise an überlieferte mystische Erlebnisse, wenngleich eine solche Erfahrung – ausgenommen vielleicht Aldous Huxley in seinem Buch »Die Pforten der Wahrnehmung« – wohl noch nie in solch sprachlicher Brillanz und Ausführlichkeit geschildert worden ist. Versuche der Bewußtseinserweiterung durch Drogen gehörten schon immer zum Ritual vieler Glaubens- und Religionsgemeinschaften, und zwar nicht nur bei den sogenannten Naturvölkern. Doch war die Droge dabei meist einem privilegierten und entsprechend vorbereiteten Personenkreis vorbehalten. Die Mehr-

zahl der Gläubigen hatte dazu keinen Zugang. Es war unserer Zeit vorbehalten, diese Form der Bewußtseinserweiterung aus dem sakralen Bereich herauszulösen und in die Niederungen der Subkultur zu stoßen. Die Folgen, die solch eine Droge für den unvorbereiteten Geist haben kann, blieben denn auch nicht aus, denn jene, die die Landkarte ihres Bewußtseins nicht schon etwas zu lesen verstehen, kann sie überall hinführen.

Überdies war sich auch Alan Watts sehr wohl dessen bewußt, daß die Droge zwar einem vorbereiteten Geist unter optimalen äußeren Bedingungen mystische Erlebnisse vermitteln kann, aber Weisheit – und nur darum geht es letztlich – produzieren diese Substanzen genausowenig wie ein Mikro- oder Teleskop, die uns ebenso Einblicke in die faszinierende Welt jenseits unserer normalen sinnlichen Wahrnehmung gestatten. Bewußtseinserweiternde Substanzen können – ähnlich wie diese Geräte – allenfalls ein Hilfsmittel sein, – und ein fragwürdiges dazu.

Denn die Erkenntnisse, die dabei herauskommen, sind immer abhängig von der Persönlichkeitsstruktur und dem Reifegrad des jeweiligen Menschen. Sie können – wie es Capra in Bezug zur Atomphysik formuliert – sowohl zu Buddha wie auch zur Bombe führen. Das wußte Watts natürlich genauso wie jeder andere, der sich ernsthaft auf diese Erfahrungen eingelassen hat. Auch LSD ist also kein Freifahrtschein ins Paradies, denn die eigene Bewußtwerdung ist ein Prozeß, der beharrlicher Arbeit bedarf. Und die erspart einem keine Droge dieser Welt.

K.S.

Eine moderne Schöpfungsgeschichte

Es war einmal eine Masse, die war so dicht und so heiß, wie es sich kein Mensch vorstellen kann. Woraus sie bestand, vermögen selbst Astronomen und Physiker nicht zu errechnen; ihnen fehlen ganz einfach die Formeln dafür. Diese Masse war der Ausgangspunkt des Universums. Alles, was heute ist, ging vor schätzungsweise fünfzehn bis zwanzig Milliarden Jahren aus ihr hervor.

Woher die Urmasse stammt, wie sie entstand, – das sind Fragen, auf die es noch immer keine exakte Antwort gibt. Hier endet die Wissenschaft, hier beginnt der Glaube: »Am Anfang schuf Gott den Himmel und die Erde« (1. Buch Mose, 1. Kapitel, Vers 1).

Diesem Schöpfungsakt haben sich Wissenschaftler bis auf eine Hundertstelsekunde genähert. In Gedanken und aus Versuchen entwickelten sie die Vorstellung von der Geburt des Alls, die heute als die wahrscheinlichste gilt: die Theorie vom »Big Bang« oder, auf deutsch, vom »Urknall«. Ihr zufolge begann das Dasein aller Dinge mit einer unbeschreiblichen Explosion. Dieser Urknall trieb die Urmasse derart auseinander, daß jedes Teilchen von jedem anderen davonflog. Urplötzlich gab es Zeit und Raum, existierten Energie und Materie.

Was unmittelbar nach dem Urknall geschah, hat der Physiker Steven Weinberg von der amerikanischen Harvard-Universität beschrieben. Seine Darstellung liest sich wie ein Drehbuch für den größten und dramatischsten Film aller Zeiten.

Erstes Bild: Eine Hundertstelsekunde ist seit Beginn des Urknalls vergangen. Im Weltall herrscht eine Temperatur von 100 Milliarden Grad. Bei dieser Hitze können weder Atome noch Moleküle existieren. Die Materie besteht aus sogenannten Elementarteilchen, aus negativ geladenen Elektronen und positiv geladenen Positronen, aus Neutrinos ohne Masse und Ladung sowie aus Photonen, den Trägern des Lichts. Sie alle werden ständig aus purer Energie geschaffen und wieder vernichtet. – Schnitt.

Zweites Bild: 0,1 Sekunden später. Die Temperatur ist auf 30 Milliarden Grad gesunken, der Zustand ansonsten kaum verändert: »Das Universum enthält eine undifferenzierte Suppe von Materie und Strahlung«, beschreibt das Professor Weinberg. – Schnitt.

Drittes Bild: 13,82 Sekunden später. Die Hitze beträgt nur noch drei Milliarden Grad. Das ist kühl genug, um erste stabile Teile Materie entstehen zu lassen. – Schnitt.

Viertes Bild: 3 Minuten, 2 Sekunden später. Die Temperatur ist weiter gesunken; sie beträgt jetzt noch eine Milliarde Grad. Das ist zwar immer noch siebzigmal so heiß wie im Innern der Sonne, erlaubt aber den ersten Atomkernen den Zusammenhalt, – jeweils ein Proton und ein Neutron bilden den Atomkern von schwerem Wasserstoff, jeweils zwei Protonen und zwei Neutronen den von Helium. – Schnitt.

Fünftes Bild: 3 Minuten, 46 Sekunden sind seit Beginn des Urknalls vergangen. Das Universum ist entstanden mit allen Zutaten, aus denen sich Sterne und Galaxien bilden werden: Elektronen und Kernmaterial, das zu 73 Prozent aus Wasserstoff und zu 27 Prozent aus Helium besteht.

»Zu dieser Zeit war die gewöhnliche Materie nichts als eine geringfügige Verunreinigung«, analysiert Professor Weinberg den Zustand zu Anbeginn, »das Universum bestand damals überwiegend aus Licht!« Mit anderen Worten sagt der Physiker das gleiche, was die Bibel schreibt: »Da sprach Gott: Es werde Licht. Und es ward Licht« (1. Buch Mose, 1. Kapitel, Vers 3).

Diese Szenen spielen zu einem Zeitpunkt vor zehn bis fünfzehn Milliarden Jahren. Mit ihnen ist die Schöpfung zwar noch nicht zu Ende, aber so turbulent, wie der Film begann, geht es nicht mehr weiter. Im Drehbuch der Natur erscheinen nun Längen von Jahrhunderttausenden.

Während dieser Zeit streben Strahlung und Materie fort vom gemeinsamen Ausgangspunkt. Das Universum dehnt sich immer weiter aus und wird immer kühler. Etwa 700.000 Jahre nach dem Urknall ist es nur noch 3500 Grad warm. Jetzt endlich können sich Elektronen und Kerne zu ersten Atomen von Wasserstoff und des Edelgases Helium zusammenschließen. Gleichzeitig aber trennen sich auch die Entwicklungswege von Strahlung und Materie: Die Strahlung erfüllt gleichmäßig den Weltraum, sie kühlt stetig weiter ab. Rein zufällig wurde sie im Jahr 1965 als »kosmische Hintergrundstrahlung« entdeckt. Sie hat heute nur noch eine Temperatur von drei Grad Kelvin (das entspricht minus 270 Grad Celsius) und ist lediglich ein schwaches Wetterleuchten von dem Hundert-Milliarden-Grad-Blitz des »Big Bang«. Die Materie bewegt sich ebenfalls weiter durch den Weltraum, jedoch nicht gleichförmig. Die gigantischen Gasschwaden aus Wasserstoff und Helium werden unregelmäßig verteilt.

Etwa eine Milliarde Jahre nach dem Urknall formen sich zunächst kugelförmige, rotierende Wolken, die schließlich unter dem Zwang der Schwerkraft in sich zusammenstürzen. Im Zentrum des Geschehens werden die dünnen Gase derart dicht zusammengepreßt, daß die ersten Sterne entstehen. Ihre Existenz bedeutet einen weiteren Höhepunkt in der Entwicklung des Universums. Die ersten Sterne sind die Brutstätten, in denen aus Wasserstoff und Helium die kompliziertesten Atome der höheren Elemente entstehen.

Schließlich sind aus den Gasschwaden scheibenförmige Sternnebel entstanden, Galaxien, deren spiralige Arme gravitätisch um einen kugelförmigen Kern rotieren. Ihre Daten können nur in wahrhaft astronomischen Zahlen beschrieben werden: Es gibt im Weltall schätzungsweise 100 Milliarden Galaxien, deren Durchmesser jeweils zwischen 10.000 und 100.000 Lichtjahre beträgt und die aus je zehn Milliarden bis 1000 Milliarden Sternen bestehen.

Auf sie wirkt die Gewalt des Urknalls noch heute ein. Wie vor zehn oder fünfzehn Milliarden Jahren strebt alle Materie in alle Richtungen auseinander. Das Universum besteht aus ganzen Schwärmen von Galaxien, die sich infolge der ursprünglichen Explosion immer weiter voneinander entfernen und sich dabei immer weiter in den Weltraum hinausbewegen. Je größer ihre Entfernung, desto höher ist ihre sogenannte Fluchtgeschwindigkeit. Die Galaxie mit der Bezeichnung »3 C 295« beispielsweise ist etwa 8,8 Milliarden Lichtjahre entfernt und bewegt sich mit halber Lichtgeschwindigkeit (entsprechend etwa 150.000 Kilometer in jeder Sekunde) von der Galaxie fort, die wir Milchstraße nennen.

Die Milchstraße ist eine höchst durchschnittliche Galaxie mit einem Durchmesser von 100.000 Lichtjahren. Etwa 33.000 Lichtjahre von ihrem Kern entfernt umkreist ihn alle 220 Millionen Jahre einmal ein Stern, der Sonne heißt. Und diese Sonne ist wiederum das Zentrum eines Systems mit neun Planeten, dessen dritter unsere Erde ist.

Wie die Erde entstanden ist, weiß kein Mensch. Es gibt darüber nichts als Theorien, mittlerweile mehr als dreißig. Für eine der ältesten haben sich die Wissenschaftler wieder erwärmt: die Hypothese des deutschen Gelehrten Immanuel Kant, der von 1724 bis 1804 lebte: Ihr zufolge ist die Erde nicht aus Feuer geboren und nie glühend wie ein Stern gewesen, sondern gewissermaßen »kalt« entstanden aus einem Nebel. Zwar hat auch diese Theorie ihre schwachen Stellen, »aber mit ihr ist das, was heute existiert, am besten zu erklären«, verteidigt sie der amerikanische Astronom Wil-

liam K. Hartmann vom Institut für Planetenforschung in Tucson, Arizona. Sie ist ihm Ansatz für ein anderes Drehbuch, das lediglich einen winzigen Ausschnitt aus dem Universum zum Inhalt hat, nämlich die Entstehung der Erde, die er als einen Film mit fünf Szenen schildert.

Erste Szene: Rund 4,5 Milliarden Jahre vor heute. Die Sonne ist gerade entstanden. Sie ist umgeben von einer flachen Scheibe nebelförmiger Schwaden. Diese bestehen aus den Gasen Wasserstoff und Helium, die nach dem Urknall entstanden, sowie aus ganz geringen Mengen an schwereren Elementen wie Eisen und Silizium, die von ersten Sternen ausgebrütet worden sind.

Aus diesem Nebel um die Sonne bilden sich ihre Planeten. Voraussetzung dafür ist die Abkühlung. In ihrem Verlauf werden die verschiedenen Bestandteile des Gasgemisches erst flüssig und gehen dann in einen festen Zustand über, – im Prinzip derselbe Prozeß, der aus dem Wasserstoff der Wolken erst Regentropfen, dann Schneekristalle werden läßt.

Je kälter der kosmische Nebel in der Nachbarschaft der Sonne wird, desto mehr verändert sich seine Zusammensetzung: Bei einer Temperatur um 1400 Grad Kelvin (das sind 1400 Grad über dem absoluten Nullpunkt von minus 273 Grad Celsius) kondensieren Mineralien wie Eisenoxyd, Titanoxyd, Nickel und Eisen zu mikroskopisch kleinen Erzkörnchen; bei 1300 Grad Kelvin schließen sich die reichlich vorhandenen Silikate zu Staubteilchen zusammen; bei Temperaturen zwischen 300 und 200 Grad Kelvin entstehen Eiskristalle aus Wasser, Ammoniak und Methan. Noch herrscht an der Stelle im Weltraum, die einmal die Erde einnehmen wird, ein chaotisches Durcheinander. Staubteilchen, Erzkörnchen, Eiskristalle bewegen sich ungeordnet, stoßen gegeneinander, backen zusammen – und bilden auf diese Weise immer größere Körper im Kosmos, die Durchmesser von zehn, hundert Kilometer und mehr erreichen. Sie häufen sich an und ziehen mit ihrer Schwerkraft noch mehr Materie heran.

So kommt es zur »Zusammenballung«. Das Objekt, das einmal die Erde sein wird, nimmt rasch an Masse und Umfang zu. »Wir können davon ausgehen, daß die Erde in astronomisch kurzer Zeit ihre gegenwärtige Größe erreicht hat, – vielleicht in nur fünfzig Millionen Jahren, ganz sicher aber in neunzig Millionen Jahren«, resümiert William K. Hartmann. – Schnitt.

Zweite Szene: Etwa 4,4 Milliarden Jahre vor heute. Die Oberfläche der Erde ist immer noch einem Bombardement von Körpern aus dem Kosmos ausgesetzt. In ihrem Innern wird es immer heißer. Diese Hitze wird von Elementen erzeugt, die radioaktiv sind. Strahlen von Uran, Thorium, Kalium heizen die Umgebung so sehr auf, daß die Elemente zu schmelzen beginnen. Die Folge ist eine Umschichtung des Planeten. Das schwere Metall Eisen sinkt nach unten, sammelt sich dort und bildet den Kern der Erde; Silikate formen ihren Mantel, und es entsteht eine Erdkruste aus Granit. Sie ist vielleicht das »feste Gewölbe inmitten der Wasser«, von dem die Bibel berichtet (1. Buch Mose, 1. Kapitel, Vers 6). – Schnitt.

Dritte Szene: Etwa vier Milliarden Jahre vor heute. Eines der rätselhaftesten Geschehen in der Erdgeschichte findet statt, die Entstehung des Mondes.

Seine Geburt beginnt mit einer Katastrophe. Ein gigantischer Raumkörper von der Größe unseres heutigen Mondes kollidiert mit der Erde. Er schlägt ihr eine tiefe Wunde in den Erdmantel, dessen Bestandteile verdampfen und hinweggeschleudert werden. Sie sammeln sich wieder, bilden erst eine weitverteilte Wolke unmittelbar neben der Erde, entfernen sich dann und ballen sich zusammen – zum Mond, wie wir ihn kennen.

Diese Theorie hat William K. Hartmann mitentwickelt. Anstoß dazu gaben ihm zwei Tatsachen: zum einen die Messungen, daß sich der Mond spiralförmig von der Erde entfernt und ihr früher sehr viel näher oder sogar ein Teil von ihr gewesen sein muß; zum anderen die Gesteinsproben der Astronauten vom Mond, deren Zusammensetzung verdächtig gleichartig der des äußeren Erdmantels ist. Für Hartmann gibt es dafür nur eine Erklärung: »Das Material des Mondes ist früher einmal aus der Erde herausgerissen worden – ein wahrhaft spektakuläres Ereignis«. – Schnitt.

Vierte Szene: Vier bis zwei Milliarden Jahre vor heute. Die Oberfläche der Erde nimmt Gestalt an. Noch ist sie gezeichnet von den nahezu pausenlosen Einschlägen riesiger Meteorite, weshalb die Erde damals ähnlich ausgesehen haben muß wie der Mond heute. Nahezu alle diese Spuren sind inzwischen beseitigt. Auch dafür hat William K. Hartmann eine Erklärung: »Das hat weniger die Abtragung durch Wasser und Wind bewirkt. Viel entscheidender war, daß Kruste und äußerer Mantel der Erde in bewegliche Platten zerbrachen. Angetrieben aus dem flüssigen Erdinneren bewegen sich diese Platten; sie tragen Kontinente voneinander fort oder lassen sie zusammenstoßen. Dabei werden die äußeren Gesteinsschichten gefaltet, die bestehenden Formen der Oberfläche zerstört, werden Gesteine nach unten gedrückt, steigen Gebirge auf«. – Schnitt.

Fünfte Szene. Etwa vier bis zwei Milliarden Jahre vor unserer Zeit. Die Erde bekommt eine bleibende Atmosphäre und – als einziger der neun Planeten des Sonnensystems – auch Ozeane.

Die erste Gashülle der Erde hielt nicht lange. Wasserstoff und Helium aus dem Nebel entwichen schon bald in den Weltraum. Aus dem glühenden Innern der Erde stiegen durch die Vulkane mit dem geschmolzenen Gestein andere Gase an die Oberfläche. »Entgasung« heißt dieser Vorgang, den William K. Hartmann auf die Zeit vor 4,2 Milliarden Jahren ansetzt. In seinem weiteren Verlauf entsteht eine Uratmosphäre. Sie enthält relativ viel Kohlendioxyd und wenig Sauerstoff. In ihr toben gewaltige Regenstürme, wobei sich das Wasser niederschlägt und in ersten Ozeanen sammelt. Auch dieses Geschehen findet seine Entsprechung in der Schöpfungsgeschichte: »Sodann sprach Gott: Es werde das Wasser unterhalb des Himmels an einem Orte gesammelt, und das Trockene werde sichtbar! Und es geschah so« (1. Buch Mose, 1. Kapitel, Vers 9).

In dieser Atmosphäre konnten weder Mensch noch Tier existieren. Ihren Wandel zur atembaren Luft von heute bewältigten Pflanzen im Laufe von Jahrmillionen, indem sie Kohlendioxyd aufnahmen und Sauerstoff abgaben. Wie das Leben genau entstand, ist unter den Wissenschaftlern umstritten. Ob es sich auf der Erde selbst entwickelte oder ob seine Grundbausteine mit Meteoriten aus dem Weltraum hierher gelangten, ist ungeklärt.

Sicher aber ist, daß sich die ersten Formen des Lebens im Wasser entwickelten und daß es Pflanzen waren. Nachgewiesen ist für die Zeit vor 3,5 Milliarden Jahren die Existenz von primitiven Algen, die lediglich aus einer Zelle bestanden.

Vor die Tiere setzt auch die Bibel das Dasein der Pflanzen. »Da sprach Gott: Die Erde lasse Grünes hervorsprießen« (1. Buch Mose, 1. Kapitel, Vers 11). Das war am zweiten Tag der Schöpfung. Die Tiere schuf Gott erst am vierten Tag. Wie sich aus versteinerten Überresten errechnen läßt, krochen diese erst vor 400 bis 350 Millionen Jahren aus dem Wasser aufs Land. Und höchstens 200.000 Jahre vor heute erschien der Mensch.

Angesichts dieser Dimensionen der Erdgeschichte hat der Astronom William K. Hartmann an das Ende seines Drehbuches ein Gleichnis gesetzt, das die richtigen Maßstäbe anschaulich wiedergibt:

»Würde man die gesamte Biographie der Erde in einem Buch von hundert Seiten Umfang niederschreiben, so würden die Milliarden Jahre ohne Leben die ersten 22 Seiten umfassen. Für die Beschreibung der Lebewesen, die Spuren in Form von Fossilien hinterlassen haben, würden die letzten 13 Seiten genügen. Und die Existenz der Menschheit bräuchte im letzten Satz des Buches nur kurz erwähnt zu werden!«

Das allerletzte Wort im Drehbuch des Universums ist der Mensch mit Sicherheit nicht. Die Schöpfung geht weiter. Daß jedoch auch sie einmal ihr Ende erreichen wird, prophezeien Astronomen mit der Theorie vom »pulsierenden Weltall« – im Ende der Welt ein neuer Anfang?

Ingolf Rheinholz

Am Anfang schuf Gott den Himmel und die Erde.

Die Erde war aber wüst und öde, und Finsternis lag auf der Urflut. Und der Geist Gottes schwebte über den Wassern.

(Erstes Buch Mose, Kapitel eins)

40

Und Gott sprach:

Es werde Licht! Und es ward Licht.

(Erstes Buch Mose, Kapitel eins)

… Die letzte Schwingung der siebenten Ewigkeit
durchdrang die Unendlichkeit. Die Mutter
schwoll an und entfaltete sich von innen nach
außen, – wie die Knospe des Lotus.
Die Schwingung breitete sich aus, sie berührte mit
ihrem raschen Flügel das ganze Weltall und den
Keim, der in der Dunkelheit wohnte, der Dunkelheit, die über den schlummernden Wassern des
Lebens atmete.
Die Dunkelheit strahlte das Licht aus, und das
Licht sandte einen einzigen Strahl in die Wasser,
in die mütterliche Tiefe. Der Strahl durchdrang
das jungfräuliche Ei, machte das ewige Ei erzittern
und den nichtewigen Keim hervorbringen, der
sich zum Weltenei verdichtete.

(Aus dem altindischen Buch des Dzyan)

Awonawilona war der Schöpfer und Bewahrer aller Dinge. Er existierte bereits, ehe es Himmel und Erde gab. Da dachte Awonawilona einen Gedanken, – und dieser Gedanke enthielt die Schöpferkraft.
Er durchstreifte die Welt und gab ihr Gestalt. Awonawilona selbst wurde zur Sonne, dem Vater des Lebens, der die Finsternis erleuchtete.
Der Sonnengott nahm aus seinem Körper den Samen für die beiden künftigen Welten. Er warf sie in das große Urwasser und erwärmte es mit seinem Licht. Das Wasser färbte sich grün. Auf seiner Oberfläche bildete sich eine Schaumkrone und aus dem Schaum stiegen zwei Gestalten: die viermal-schützende-Mutter-Erde und der Welt-bedeckende-Vater-Himmel.

*Himmel und Erde
zeugten im Schaum
des Urwassers
das irdische Leben,*

ehe sich die Erdmutter vom Himmelvater trennte.

*(Schöpfungsmythos
der Zuni-Indianer, Nordamerika)*

44

Brahma,
der Erschaffende

In Felsenklüften
  braust die Brandung:
Es stürmen drohend,
  donnernd Wasserberge
In furchtbarer Phalanx
  die Felsenwände.
Es drängt sich Form an Form,
  gestaltungslüstern,
Und die Gestaltungsfülle
  schlingt sich selber ein.

Der Formkraft Sehnen
  stammelt in Kristallen,
Gestaltungsdrang
  türmt ewig Fels auf Fels.
Des Werdens Kraft
  treibt Berge himmelan,
Der Lebensdurst
  gebiert der Wesen Form;

Es sehnt sich, drängt sich,
  formt, gestaltet sich –
Aus tausendfältigem Schoß
  Geburten speiend;
In tausendfachem Weh,
  in Schmerzenslust-Ekstase,
In brausend-brünstiger Brandung
  machtlos tosend
An der diamantenen Felsenwand
  der Ewigkeit.

(Lama Anagarika Govinda, Tibet)

47

Und Gott sah, daß das Licht
gut war.

*Da schied Gott das Licht
von der Finsternis*

und nannte das Licht Tag und
die Finsternis Nacht. Da ward
aus Abend und Morgen der erste
Tag.

(Erstes Buch Mose, Kapitel eins)

48

Und Gott sprach:

Es werde eine Feste inmitten der Wasser,

und sie scheide die Wasser voneinander. Da machte
Gott die Feste und schied die Wasser unter der Feste
von den Wassern über der Feste. Und so geschah es.
Und Gott nannte die Feste Himmel. Da ward aus
Abend und Morgen der zweite Tag.

(Erstes Buch Mose, Kapitel eins)

Im Anbeginn war ein großer Abgrund, das Chaos,
und es gab weder Tag noch Nacht. Der Abgrund war
Ginnungagap, die gähnende Kluft, ohne Anfang
und ohne Ende. Allvater, der Unerschaffene,
der Unsichtbare, wohnte in der Tiefe des Abgrundes
und begehrte; – und was er begehrte, das trat ins
Dasein.

(Aus einem nordischen Schöpfungsmythos)

52

Und Gott sprach:

Das Wasser unter dem Himmel sammle sich an bestimmte Orte,

auf daß das Trockene sichtbar werde.
Und so geschah es.

(Erstes Buch Mose, Kapitel eins)

Da ist ein Zeugendes, das nicht erzeugt ist.

Da ist ein Wandelndes, das sich nicht wandelt. Das Unerzeugte hat die Freiheit, Zeugendes zu zeugen, das Unwandelbare hat die Freiheit, Wandelndes zu wandeln. Doch das Erzeugte muß notwendig weiter zeugen, das Wandelbare sich notwendig weiter wandeln. Und das immer im Zeugen und Wandeln Begriffene hört niemals auf, zu zeugen und sich zu wandeln. So verhält es sich mit den vier Jahreszeiten, mit Licht und Finsternis. Das Unerzeugte ist einzig. Das Unwandelbare wallt im unendlichen Raum hin und her, ohne daß es in seinem Pfad an eine Grenze kommt. Im Buch des Herrn der Gelben Erde (Laotse) steht:

»Der Geist der Tiefe stirbt nicht,
Er ist das Ewig Weibliche.
Beim Ausgang des Ewig Weiblichen
Liegt die Wurzel von Himmel und Erde.
Endlos drängt sich's und ist doch beharrend,
Der es wirkt, bleibt ohne Mühe.«

Darum ist das, was alle Wesen erzeugt, unerzeugt; was alle Wesen wandelt, unwandelbar. Von ihm geht in Freiheit alles Zeugen aus, alle Wandlung, alle Form, alle Farbe, alle Erkenntnis, alle Stärke, alle Ruhe. Wollte man es aber als Zeugen, Wandlung, Form, Farbe, Erkenntnis, Stärke oder Ruhe bezeichnen, so wäre das falsch.
Da alles Körperliche aus dem Unkörperlichen entstanden ist, sage ich: Es gibt eine Urwandlung, einen Uranfang, ein Urentstehen, eine Urschöpfung.
Die Urwandlung ist der Zustand, da die Kraft sich noch nicht äußert. Der Uranfang ist der Zustand, da die Kraft entsteht. Die Urentstehung ist der Zustand, da die Form entsteht. Den Zustand, da Kraft, Form und Stoff noch ungetrennt durcheinander sind, nennt man Dasein. Dasein bedeutet den Zustand, da die Dinge miteinander und durcheinander sind und noch kein gesondertes Fürsichsein haben. Schaut man darauf, so sieht man nichts; horcht man danach, so hört man nichts; verfolgt man es, so erhält man nichts. Darum heißt es das Wandelbare. Als das Wandelbare hat es keine Schranke der Form.
Dieses Wandelbare wechselt und wird zur Eins. Die Eins wechselt und wird zur Sieben. Die Sieben wechselt und wird zur Neun. Die Neun ist der Endpunkt dieses Wechsels. Aber sie wechselt erneut und wird wieder zur Eins. Diese Eins ist die Entstehung der wechselnden Formenwelt. Das Reine und Leichte steigt empor und wird zum Himmel. Das Trübe und Schwere senkt sich herab und wird zur Erde. Darum enthalten Himmel und Erde den Samen, aus dem alle Dinge durch Wandlung erzeugt sind.

(Worte des sagenhaften chinesischen Weisen Liä Dsi)

Zuerst kam die Leere ins Sein, danach die breitbusige
Erde, die feste und ewige Heimat von allem.
Danach kam das Begehren, der Schönste der unsterblichen Götter. Aus der Leere kamen Dunkelheit
und schwarze Nacht. Und

aus der Nacht kamen Licht und Tag,

ihre Kinder, die sie durch die liebende Vereinigung
mit der Dunkelheit empfing.

*(Aus dem Schöpfungsepos
des Hesiod, Griechenland)*

61

Wahrlich unermeßlich ist das Tao,

Aus sich selbst heraus wirkend, scheinbar ohne zu
handeln,
Das Ende aller Zeiten und Anfang aller Zeiten,
Bestehend vor der Erde, und eher als der Himmel
vorhanden,
Schweigend umfassend die Ganzheit der Gezeiten,
Ununterbrochen fortbestehend durch alle Äonen,
Überliefert durch Generationen von Weisen,
Ist es der Urahn von allen Lehren,
Das Mysterium jenseits aller Mysterien.

(Aus einer Ming-Felseninschrift in China)

Einst hatte der Weltgeist den Wunsch, Leben aus
sich selbst zu erzeugen. Er schuf Nara, die
Wasser, und warf einen Samen hinein. Aus diesem
Samen erwuchs das goldene Ei. In ihm verwandelte
sich der Weltgeist Narayana, nach seinem Wohn-
ort Nara benannt, in Brahma. Nach einem Jahr der
Kontemplation im Innern des Eis teilte sich
Brahma in eine männliche und eine weibliche
Hälfte. In den weiblichen Teil pflanzte er Viraj ein,
woraus Manu entstand, der die Welt erschuf.

(Aus einem indischen Schöpfungsmythos)

In den heiligen Büchern Chilam Balan ist vom
Anfang der Zeit und von der Zeit, die vor der Zeit
war, zu lesen. Denn im Urraum, als es weder
Himmel noch Erde gab, war doch bereits Hunabku vorhanden.

Der allmächtige Gott
schuf Himmel und Erde.

Er sprach das erste Wort aus. Es gab niemand,
der es hören konnte außer ihm. Anfangs hielt er
sich mitten in der unermeßlichen Ewigkeit auf.
Da löste er sich von seinem Ort und offenbarte
seine Allmacht. Damit erwachte er zum Leben.

Es steht geschrieben: Die Tage, Monate und
Jahre vergehen. Alle Zeit vergeht. Auch das Blut
kommt zum Stillstand, wenn es seine volle Kraft
gewonnen hat.
Die Zeit ist bemessen, – auch die Zeit, um den
Segen der Sonne zu empfangen; auch die Zeit, in
der die Sterne vom Himmel herabschauen.

Zwischen den Sternen und der Erde wachen die
Unfreien, die Götter. Sie bestimmen die Ordnung
der Sterne. Denn nur der einzige große Schöpfergott Hunabku war vor der Zeit und ist frei. Die
übrigen Götter, die das Weltall beaufsichtigen,
sind unfrei.

Hunabku besaß – im Gegensatz zu den übrigen
Göttern – keinen Körper. Seine Frau Ixazalvo
schenkte dem Gott Hunitzamna das Leben. Er
hörte die Sprache seines Vaters und erfand die
Schrift, um das göttliche Wort festzuhalten.

(Schöpfungsmythos der Maya,
Yucatan, Mittelamerika)

Wahrlich, zuerst entstand das Chaos
und später die Erde,

Breitgebrüstet, ein Sitz von ewiger Dauer für alle
Götter,
Die des Olymps beschneite Gipfel bewohnen,
Und des Tartaros Dunkel im Abgrund der
wegsamen Erde,
Eros zugleich, er ist der Schönste der ewigen
Götter,
Lösend bezwingt er den Sinn bei allen Göttern
und Menschen,
Tief in der Brust und bändigt den wohlerwogenen
Ratschluß.

Aus dem Chaos entstanden die Nacht und des
Erebos Dunkel,
Aber der Nacht entstammten der leuchtende Tag
und der Äther. Schwanger gebar sie die beiden,
von Erebos' Liebe befruchtet.
Gaia, die Erde, erzeugte zuerst den sternigen
Himmel
Gleich sich selber, damit er sie dann völlig
umhülle,
Unverrückbar für immer als Sitz der ewigen
Götter.

(Aus dem Schöpfungsepos des Hesiod)

Jeder Teil dieser Erde
ist meinem Volk heilig.

Jeder Hügel, jedes Tal, jede
Lichtung und jeder Wald ist
heilig im Gedächtnis und im
Herzen meines Volkes. Selbst die
stummen Steine bringen Erinne-
rungen im Leben meines Volkes
zum Klingen. Die Erde unter
unseren Füßen besteht aus der
Asche unserer Väter. Unsere
nackten Füße spüren Verwandt-
schaft. Die Erde lebt und ist
kostbar durch unsere Vorfahren.

(Häuptling Seattle
von den Duwamish-Indianern,
Nordamerika)

68

Neun Welten kenn ich, neun Räume des Welten-
baums,
Der tief im Innern der Erde wurzelt.
In der Urzeit war's, als Ymir lebte,
Da war nicht Kies noch Meer, noch kalte Woge,
Nicht Erde gab es, noch Oberhimmel,
nur gähnende Kluft, doch Gras nirgends.

Da lupften Burs Söhne die Lande empor
Und erschufen den schönen Midgard,
Von Süden beschien die Sonne den Boden,
Da wuchs auf dem Grunde grünendes Kraut.

Die Sonne von Süden, gesellt dem Monde,
Rührte mit der Rechten den Rand des Himmels;
Nicht wußte die Sonne, wo sie Wohnung hatte,
Der Mond wußte nicht, welche Macht er hatte,
Die Sterne wußten nicht, welche Stätte sie hatten.

Da gingen zu Rate die Götter alle,

Die heiligen Herrscher und hielten Rat;
Sie benannten die Nacht, Neumond und Voll-
mond,
Morgen und Abend, Mittag und Vesper,
Die Zeiten all zur Zählung der Jahre.

(Aus der Edda-Saga)

71

Zwei Götter, Quetzalcouatl und Tezcatlipoca, brachten einst die Erdgöttin vom Himmel herab. Sie hatte an allen Gelenken Augen und Mäuler, mit denen sie wie ein Raubtier biß. Bevor die beiden Götter die Erdgöttin vom Himmel herunterbrachten, gab es schon das Wasser, von dem niemand weiß, wer es schuf. Auf diesem Wasser bewegte sich die Göttin, und als die Götter das sahen, sprachen sie zueinander:

»Es ist nötig, daß wir die Erde schaffen!«

Dann verwandelten sich beide in große Schlangen, deren eine die Göttin an der rechten Hand und dem linken Fuß packte, die andere an der linken Hand und dem rechten Fuß. Sie zerrten sie derart, daß sie mittendurch riß. Aus der Hälfte hinter den Schultern machten sie die Erde; die andere Hälfte brachten sie zum Himmel hinauf.

Hierüber ergrimmten die übrigen Götter sehr. Um die Erdgöttin für die Schmach, die ihr die beiden Götter zugefügt hatten, zu entschädigen, stiegen alle Götter vom Himmel herab. Sie trösteten sie und befahlen, daß aus ihr alle für die Erhaltung des Menschen notwendigen Lebensmittel hervorgehen sollten. Darum machten sie aus ihren Haaren Bäume, Blumen und Gräser, aus ihrer Haut die ganz zarten Kräuter und Blümchen, aus ihren Augen Brünnlein, Quellen und kleine Höhlen, aus ihrem Munde Flüsse und große Höhlen, aus den Nasenlöchern Bergtäler und aus den Schultern Berge. Zuweilen schrie die Erdgöttin in der Nacht und verlangte nach Menschenherzen. Dann wollte sie sich nicht eher beruhigen, als bis man sie ihr gab, und wollte nicht eher wieder Frucht tragen, als bis sie mit Menschenblut getränkt wurde.

(Schöpfungsmythos der Azteken)

Und es geschah, daß das Herz und die Zunge
Macht erhielten über alle Glieder.
Denn so wird uns gelehrt:
Daß Er war das Herz in jeglichen Wesens Brust
und die Zunge in jeglichen Wesens Mund.
Von allen Göttlichen Wesen, von allen Menschen,
von allem Getier, von allem, was da kreucht und
fleucht.
Sie alle haben Leben, weil Er sie denkt, und sein
Gebot schafft alles nach seinem Willen.
Es war eine Zeit, da alle die einzelnen Göttlichen
Wesen noch ungeboren waren in seinem Munde.

*Er aber sprach aus den Namen aller
Dinge – und sie wurden.*

Er schuf sie nach seinem Ebenbilde. Sie alle sind
nur die vielfachen Formen des Großen Ewigen
Einen.

*(Aus dem Schöpfungsmysterienspiel
von Memphis, Ägypten)*

Vor der Erschaffung des Himmels und der Erde war eine ungeheure Kluft. In der Öde dieses Raumes standen die beiden Enden sich entgegen: Muspel (Feuer), das südliche und Nifl (Nebel), das nördliche. Von Muspelheim ging Licht und Wärme aus, von Niflheim Dunkel und grimmige Kälte. In der Mitte lag der Brunnen Hvergelmir, welchem zwölf Ströme entflossen. Als sie so weit ab von ihrer Quelle kamen, daß der in ihnen enthaltene Feuertropfen erhärtete gleich dem aus der Flamme sprühenden Sinter, erstarrten sie zu Eis. Angerührt von der milden Luft des Südens, begann es zu schmelzen und zu triefen. Durch die Kraft dessen, der die Hitze sandte, belebten sich die Tropfen und ein Mann wuchs daraus: Ymir, ein bösartiger Riese.

Ymir entschlief und fiel in Schweiß. Da wuchsen unter seiner linken Hand Mann und Frau, und sein Fuß zeugte mit dem anderen einen sechshäuptigen Sohn, dem die Geschlechter der Riesen entsprangen. Das Eis troff fort, und eine Kuh entstand, Audumbla, aus deren Euter vier dem Ymir Nahrung gewährende Milchströme flossen. Die Kuh leckte die salzigen Eissteine, und am Ende des ersten Tages kam eines Mannes Haar hervor, am zweiten Tag des Mannes Haupt, am dritten Tag der ganze Mann.

Er war schön, groß, stark und hieß Buri, sein Sohn Börr. Börr nahm Bestla, des Riesen Böldorn Tochter, und zeugte mit ihr drei Söhne: Odin, Vili und Ve, die den Riesen Ymir erschlugen. Als er zu Boden sank, lief eine solche Menge Blut aus seinen Wunden, daß alle Riesen darin ertranken. Nur ein einziger, Bergelmir mit seiner Frau, entkam. Von ihnen stammt das jüngere Riesengeschlecht. Börrs Söhne schleiften Ymirs Leichnam nach Ginnungagap (gähnende Kluft, Leere) und schufen aus seinem Blute das Meer, aus dem Fleisch die Erde, aus den Knochen die Berge, aus den Zähnen und zerbrochenen Knochen die Felsen und Klippen. Dann nahmen sie seinen Schädel und machten daraus den Himmel. Die aus Muspelheim lose umherirrenden Funken befestigten sie am Himmel, damit alles davon erleuchtet werde. Die Erde war rund und von tiefem Meer umgeben, dessen Strand die Riesen bewohnen sollten. Um aber die inwendige Erde gegen sie zu schützen, wurde Burg Midgard aus Ymirs Brauen gebaut. Des Riesen Hirn, in die Luft geworfen, bildete die Wolken. Nachdem dies vollbracht war, gingen Börrs Söhne zum Meeresstrand und fanden zwei Bäume, aus welchen sie zwei Menschen erschufen, Askr und Embla.

Odin gab ihnen Seele und Leben,

Vili Witz und Gefühl und Ve Antlitz, Sprache, Gehör und Gesicht. Die Zwerge wurden erschaffen und empfingen Leben zuerst in Ymirs Fleische. Nach dem Beschluß der Götter erhielten sie jetzt Verstand und Gestalt der Menschen, blieben aber in der Erde und den Steinen wohnen.

(Germanischer Schöpfungsmythos)

Aus Fluten, aus Wasser bestand dieses All am Anfang.
Auf diesen bewegte sich Pradjapati, der Herr der Schöpfung,
in Gestalt des Windes.
Da erblickte er ein Lotusblatt, das aus dem Wasser ragte.
Er dachte:

»Es muß etwas geben, worauf der Lotus steht.«

Da sah er die Erde.
Er ward zum Eber und holte sie herauf.
Er breitete sie auf dem Lotusblatt aus und befestigte sie
durch Steine.

(Schöpfungsmythos aus den Brahmanas der Veden, Indien)

Etwas geheimnisvoll Geformtes,
Das schon vor Himmel und Erde war,
In Schweigen und Leere
Steht es einzig und unwandelbar da,
Ist immer gegenwärtig und in Bewegung.
Es ist die Mutter der zehntausend Dinge.
Ich weiß keinen Namen dafür,

Nenne es Tao.

Groß ist es und fließt dahin.
Es fließt in die Ferne,
Und kehrt aus der Ferne wieder zurück.

Der Mensch folgt der Erde,
Die Erde folgt dem Himmel,
Der Himmel folgt dem Tao,
Das Tao ist mit denen,
die im Einklang mit der Natur sind.

(Laotse)

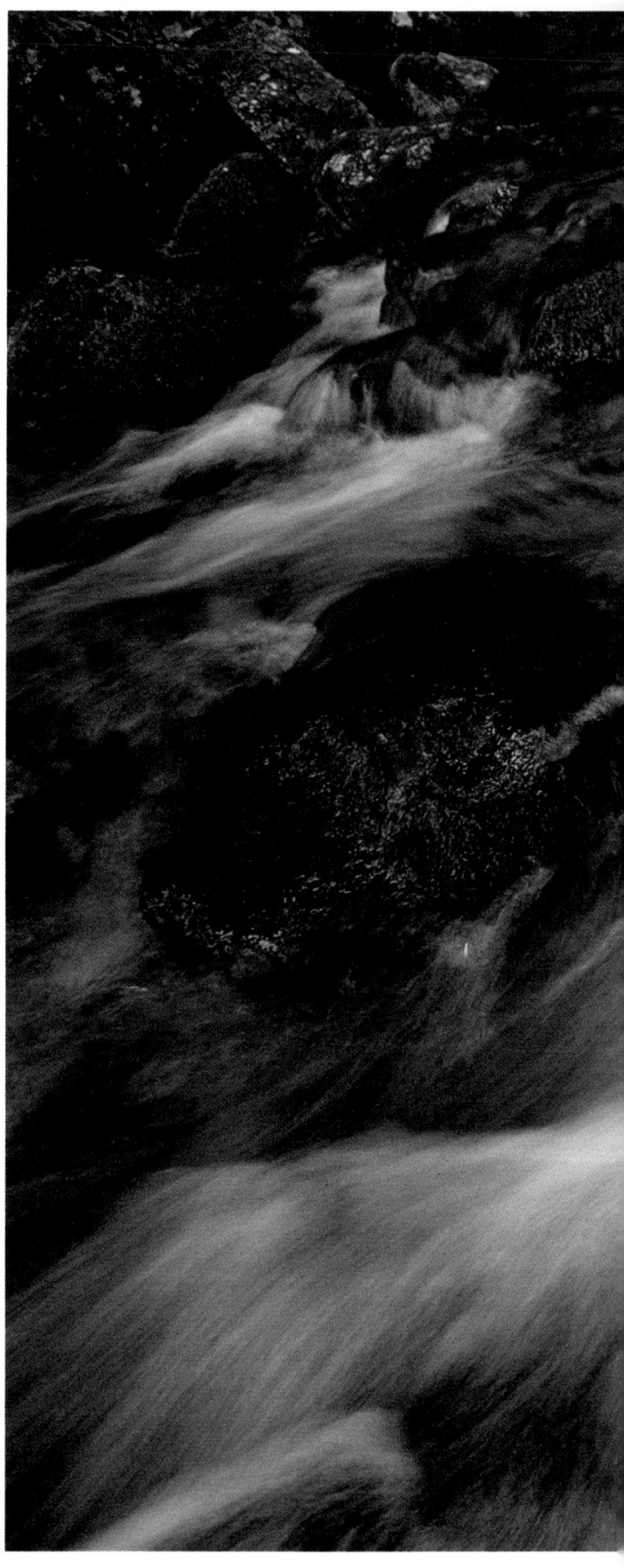

Und Gott sprach:

Die Erde lasse junges
Grün hervorsprießen,

Pflanzen, die Samen tragen, und Bäume,
die nach ihrer Art Frucht bringen auf der Erde,
in denen ihr Same ist! Und so geschah es.

(Erstes Buch Mose, Kapitel eins)

83

Gelobt seist Du, mein Herr,
samt allen deinen Kindern,

Und der Schwester Sonne besonders,
Denn am Tage zündest Du für uns sie an,
Schön ist sie und strahlt in großem Glanze,
Von Dir, oh Höchster, bringt sie Kunde.

Gelobt seist Du, mein Herr, für Bruder Mond und die Sterne,
Am Himmel hast du sie geformt, köstlich und hell.

Gelobt seist Du, mein Herr, für Bruder Wind,
Und Luft und Wolken, freundliches und jedes Wetter,
Mit ihnen hegst du deine Kinder.

Gelobt seist Du, mein Herr, um des Wassers wegen,
Das ist so nützlich, schmiegsam, köstlich und keusch.

Gelobt seist Du, mein Herr, für Bruder Feuer,
Die Nacht erhellst du uns mit ihm,
Und schön ist er und munter und gewaltig und stark.

Gelobt seist Du, mein Herr, für unsere Mutter Erde,
Die hegt und trägt uns,
Und allerlei Frucht und farbige Blumen treibt sie und Gras.

(Aus dem »Sonnengesang« des Franz von Assisi)

Ich will von der wohlgeschaffenen Erde singen,

der Mutter von allem, dem ältesten Wesen. Sie nährt alle Geschöpfe auf der Welt, alle, die auf der guten Erde wandeln, die im Meer sind oder in der Luft. Sie alle werden von ihrem Herd genährt. Durch Dich, oh Königin, sind die Menschen durch Kinder und gute Ernten gesegnet, Du hast die Macht, den Sterblichen das Leben zu geben und zu nehmen. Gruß Dir, Mutter der Götter, Gemahlin des besternten Himmels!

(Homerischer Hymnus)

89

Gib diesem Rhythmus dich hin.

Gib dich hin der Wonne des Auf und Ab
Im Strudel des Seins, gib dich hin der Wonne
Selbst des Zerschellens!

Horch, vernimmst du nicht,
Wie über den ganzen Himmel hin
Die jauchzende Laute des Todes singt
Berauschenden Gesang?

Sieh, wie in der Freude des Brennens
Das Feuer über den Himmel läuft,
Mit seiner Ferse Sonne und Mond
Und Sterne entflammend!

Wie alle Wesen eilen
Nach diesem sinnberückenden Rhythmus,
Ohne den Blick zurückzuwenden,
Ohne nach dem Wohin zu fragen.
Im seligen Taumel der bloßen Bewegung
Stürzen sie vorwärts.

Sieh, wie die Jahreszeiten alle
Wie trunken über die Erde tanzen,
Sie überflutend mit Farbe und Duft
Und Liedern und mit der seligen Freude
Sich spendenden Vergehns!

(Rabindranath Tagore)

Das Tao, das enthüllt werden kann,
ist nicht das ewige Tao.

*Der Name, der genannt
werden kann, ist nicht der
ewige Name.*

Das Namenlose ist der Ursprung
von Himmel und Erde.
Das Benannte ist die Mutter der
zehntausend Dinge.
Stets ohne Wunsch, sieht man das
Geheimnis.
Stets voller Wünsche, sieht man nur
Erscheinungen.
Beides entspringt der gleichen
Quelle.

(Laotse)

93

Vor der Entstehung der Dinge existiertest Du bereits in der Form des Tamas, das jenseits von Sprache und Geist ist. Von Dir wurde durch das zeugende Verlangen des Höchsten Brahman das Universum geboren.

Weil Du Kala (die Zeit) verschlungen hast, wurdest Du zu Kali. Weil Du der Ursprung aller Dinge bist und alle Dinge verschlingst, wirst du Adya Kali genannt. Du nimmst nach der Auflösung wieder Deine Natur an. Dunkel und formlos, unsagbar und undenkbar bleibst Du als die Eine übrig. Obwohl Du eine Form hast, bist Du doch formlos. Obwohl Du ohne Anfang bist, wohl vielgestaltig durch die Macht der Maya, bist Du der Anfang von allem: Schöpferin, Beschützerin und Zerstörerin. Von Dir ist alles, Du Gütige!

(Hymnus an die Göttin Kali, Indien)

Ich bin alles, was war, was ist, was sein wird.

Und noch nie war ein Sterblicher fähig, zu enthüllen, was sich unter meinem Schleier verbirgt.

(Inschrift an einer Statue der Göttin Isis, Ägypten)

94

Es gibt eine Kommunion mit Gott,
Und es gibt eine Kommunion mit der Erde,
Und es gibt eine Kommunion mit Gott durch die
Erde.

(Teilhard de Chardin)

Diese Erde selber ist das Lotusland der Reinheit,
Und dieser Leib ist Buddhas Leib!

(Hakuin, Zen-Meister)

97

Und Gott sprach:

Es sollen Lichter entstehen an der Feste des Himmels,

um Tag und Nacht voneinander zu scheiden, und sie sollen als Zeichen dienen zur Bestimmung von Zeiten, Tagen und Jahren. Und sie sollen Lichter sein an der Feste des Himmels, damit es hell sei auf der Erde! Und so geschah es.

(Erstes Buch Mose, Kapitel eins)

Dieses Universum, das für jedermann das gleiche ist, wurde nicht durch irgendeinen Gott oder Menschen erschaffen, sondern es ist schon immer gewesen, ist und wird bleiben ein ewiges Feuer, das sich in regelmäßigen Zeitabständen selbst entzündet und in regelmäßigen Zeitabständen wieder erlischt.

(Heraklit)

In der Stille
liegt die größte Offenbarung.

(Laotse)

Wüßt' ich genau, wie dies Blatt
Aus seinem Zweige herauskam,
Schwieg ich auf ewige Zeit,
Denn ich wüßte genug.

(Hugo von Hofmannsthal)

Das Pflanzenreich öffnet sich wie eine Blume
aus dem Erdmittelpunkt heraus,
worin die Ewigkeit begründet liegt.

(William Blake)

Wenn wir uns durch unsere eigene Ignoranz
und Blindheit nicht selbst ausschließen,
dann sind wir immer noch im Paradies.

(Thomas Cole)

Der Wunder Höchstes ist, daß uns die wahren,
echten Wunder so alltäglich werden können.

(Gotthold Ephraim Lessing)

Lenzblüten in Fülle – herbstlicher Mond –
Ein erquickender Sommerwind – Winterschnee;
Befrei deinen Sinn von eitlen Gedanken,
Und zur Lust wird dir jegliche Jahreszeit.

(Mumon, Zen-Meister)

106

Es gibt die Wirklichkeit, und an der ist nicht zu rütteln.
Wahrheiten aber, nämlich in Worten ausgedrückte
Meinungen über das Wirkliche, gibt es unzählige, und
jede ist ebenso richtig wie sie falsch ist!

(Meng Hsiä in »Chinesische Legende«
von Hermann Hesse)

Faßt Du einen Gedanken, kannst Du es so nicht finden.
Faßt du keinen Gedanken, kannst du es so nicht suchen.

(Zen-Spruch)

Selbstvergessen erkennst du
    der inneren Mitte Gesetz,
Denn wer das Ewige nicht
    im eigenen Herzen gefunden,
Außen findet er nie,
    was er im Innern nicht schuf,

Ist doch die Welt nur
ein Spiegel des eigenen Wesens;

Unvollkommen erscheint sie
    dem unvollendeten Geist.

(Lama Anagarika Govinda)

110

Ein Augenblick des Bewußtseins
ist wie zehntausend Jahre.

(Zen-Spruch)

Jedes Wesen,
das in das unbeschreibliche Heiligtum
seiner eigenen Natur eintritt,
findet dort ein Symbol
für den Vater aller Dinge.

(Proclus)

112

Glaube du mir, in der Welt geht niemals etwas zugrunde, sondern verändert sich nur und erneuert die Gestalt.

(Ovid)

Die Blätter eines Baumes fallen zur Wurzel des Baumes.

(Chinesischer Spruch)

Mit tausend Augen blickte der Fluß ihn an, mit grünen, mit weißen, mit kristallenen, mit himmelblauen. Wie liebte er dies Wasser, wie entzückte es ihn, wie war er ihm dankbar! Im Herzen hörte er die neu erwachte Stimme sprechen, und sie sagte ihm: Liebe dieses Wasser! Bleibe bei ihm! Lerne von ihm! O ja, er wollte von ihm lernen, er wollte ihm zuhören. Wer dies Wasser und seine Geheimnisse verstünde, so schien ihm, der würde auch viel anderes verstehen, viele Geheimnisse, alle Geheimnisse.
Von den Geheimnissen des Flusses aber sah er heute nur eines, das ergriff seine Seele. Er sah: Dies Wasser lief und lief, immerzu lief es, und war doch immer da, war immer und allezeit dasselbe und doch jeden Augenblick neu! Oh, wer dies faßte, dies verstünde!

(Aus »Siddhartha« von Hermann Hesse)

Alle Geheimnisse liegen in vollkommener Offenheit vor uns. Nur wir stufen uns gegen sie ab.

Es gibt keine Geheimnisse an sich, es gibt nur Uneingeweihte aller Grade.

(Christian Morgenstern)

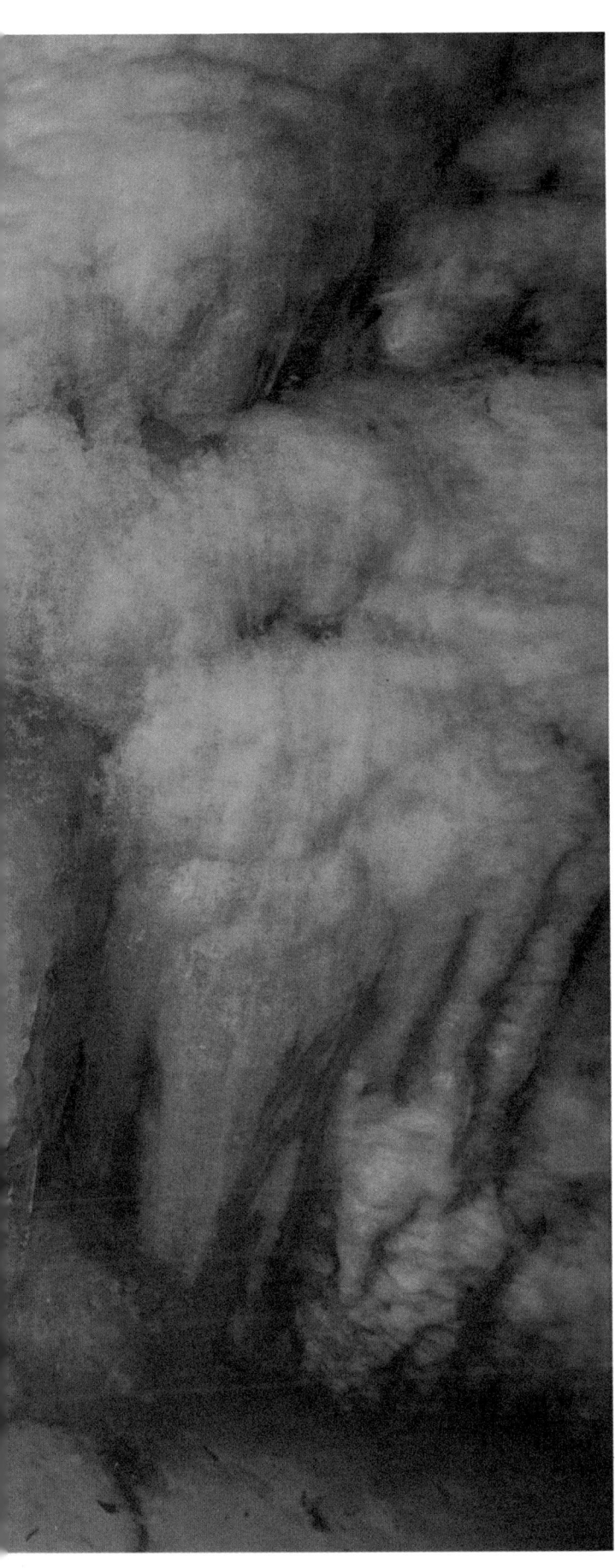

Alles Sein ist das Produkt eines universellen, schöpferischen Strebens. Es gibt nichts Totes in der Natur. Alles ist organisch und lebendig, weshalb die ganze Welt als lebender Organismus erscheint.

(Paracelsus)

Das einzige Beständige in der Welt ist der Wandel. Alles, selbst was uns felsenfest erscheint, befindet sich im Fluß, in Bewegung, in Umwandlung. Nichts auf der Welt geht verloren. Alles ist in allem.

(Chinesische Weisheit)

119

Wohin soll ich gehn,
welche Flut suchen,
wenn ich auf dem Grund
des Baches bin;
was kann ich noch sagen,

wie das Wesen
des strömenden Wassers
beschreiben?

(Dschelaladdin Rumi, Persien)

Auf der ganzen Welt
gibt es nichts Weicheres
und Schwächeres als das Wasser.
Und doch in der Art,
wie es dem Harten zusetzt,
kommt nichts ihm gleich.
Es kann durch nichts verändert werden.

Daß Schwaches das Starke besiegt,
und Weiches das Harte besiegt,
weiß jedermann auf Erden,
aber niemand vermag danach zu handeln.

(Laotse)

120

Der Weise sieht in die Welt
und sieht das Kleine
nicht als zu klein
und das Große nicht als zu groß,
denn er weiß,
daß es keine Begrenzung
der Ausdehnung gibt.

(Laotse)

Das Kleinste ist dem Größten gleich,

Alle Grenzen sind verschwunden.
Das Größte ist dem Kleinsten gleich,
Keine Grenze ist zu sehen.

Sein und Nichtsein sind nur eines,
Nichts ist dasselbe wie Sein.
Hast du dies noch nicht erreicht,
Hast du nirgends einen Halt.

Das Eine gleicht dem All,
Alles ist nur das Eine.
Ist diese Wahrheit einmal wirklich,
Was kümmert mich das Unvollkommene?

Glauben und Herz sind nicht zwei,
Nicht-Zwei, das ist das gläubige Herz.
Worte und Wege führen ins Nichts,
Was war und was wird ist ewiges Jetzt!

(Meister Seng-Tsan, dritter Zen-Patriarch)

Wie wenn eine Spinne durch ihren Faden aus sich heraustritt, oder wie kleine Funken aus dem Feuer heraustreten, so treten aus dem Selbst (Brahman) alle Lebenskräfte (Atem, Gesichtssinn, Gehör, Geschmack, Gefühl, Sprache, Verstand) heraus, alle Welten, alle himmlischen und irdischen Wesen, alle Einzelindividualitäten. Seine mystische Verehrung lautet: »Wahrheit der Wahrheit.«

Die Wahrheit –
das sind die Lebenskräfte.

Das Selbst ist die Wahrheit der Lebenskräfte.

(Aus dem Brhadaranyaka-Upanishad, Indien)

Wenn wir betrachten die sichtbare Welt mit ihrem
Wesen und betrachten das Leben der Kreaturen,
so finden wir darin das Gleichnis der unsichtbaren
geistigen Welt, welche in der sichtbaren Welt verborgen ist wie die Seele im Leib. Daran sehen wir,
daß der verborgene Gott allem nahe und durch
alles ist, – und dem sichtbaren Wesen doch ganz
verborgen.

(Jakob Böhme)

Ich sah, was Adam am Morgen seiner Erschaffung
gesehen hatte, – das Wunder, das sich von Augenblick zu Augenblick erneuernde Wunder bloßen
Daseins!

(Aldous Huxley
in »Die Pforten der Wahrnehmung«)

Und Gott sprach:

Es wimmle das Wasser von Fischen,
und Vögel sollen über der Erde
und an der Feste des Himmels fliegen!
Und so geschah es.

Und Gott sprach:

Die Erde bringe allerlei Tiere hervor,

ein jedes nach seiner Art! Und so geschah es.

(Erstes Buch Mose, Kapitel eins)

128

Und Gott sprach:

Lasset uns Menschen machen nach unserem Bilde!

Die sollen herrschen über die Fische im Meer und über die Vögel am Himmel, über Gewürm, Vieh und alle wilden Tiere, die sich auf Erden regen! Und Gott schuf den Menschen nach seinem Bilde, als Mann und Frau schuf er sie. Und Gott segnete sie und sprach zu ihnen: Seid fruchtbar und mehret euch und füllet die Erde und macht sie euch untertan!

(Erstes Buch Mose, Kapitel eins)

132

Seht Brüder, der Frühling ist da. Die Sonne hat die Erde umarmt. Bald werden wir die Kinder dieser Liebe sehen. Jeder Same, jedes Tier ist erwacht. Dieselbe große Kraft hat auch uns geboren. Darum gewähren wir auch unseren Mitmenschen und unseren Freunden, den Tieren, die gleichen Rechte wie uns, auf dieser Erde zu leben. Aber hört, Brüder! Jetzt haben wir es mit einer anderen Art zu tun. Sie waren wenige und schwach, als unsere Großväter die ersten von ihnen trafen. Jetzt aber sind sie viele, und sie sind stark und überheblich.

Es ist kaum zu glauben: Sie wollen die Erde umpflügen. Habgier ist ihre Krankheit. Sie haben viele Gesetze gemacht, und die Reichen dürfen sie brechen, die Armen aber nicht. Sie nehmen das Geld der Armen und Schwachen, um die Reichen und Starken damit zu stützen. Sie sagen, unsere Mutter, die Erde, gehöre ihnen; und sie zäunen uns, ihre Nachbarn, von unserer Mutter ab. Sie beschmutzen unsere Mutter mit ihren Gebäuden und ihrem Abfall. Sie zwingen unsere Mutter, zur Unzeit zu gebären. Und wenn sie keine Frucht mehr trägt, geben sie ihr Medizin, auf daß sie aufs Neue gebären soll.

Was sie tun, ist nicht heilig.

Sie sind wie ein Fluß zur Zeit des Hochwassers, wenn er über die Ufer tritt und auf seinem Weg alles zerstört.

(Sioux-Häuptling Sitting Bull)

135

Nachwort

Und dann machte sich der Mensch die Erde untertan. Er schuf sich seine eigene Welt. Doch je mehr die Entfernungen mit Beginn des technischen Zeitalters zu schmelzen begannen und je deutlicher die Grenzen dieses Planeten wurden, um so schmerzlicher dämmerte die Erkenntnis, daß diese Erde keinesweges ein riesiger, mit unerschöpflichen Naturschätzen gesegneter Garten Eden ist, sondern ein subtiles, begrenztes Ökosystem, in dem höchst diffizile Gesetze wirken.

Und inzwischen weiß man, daß unser Planet Erde eher einem winzigen Raumschiff gleicht, das durch die Ewigkeit des Universums kreist und sich dabei mittels komplizierter Naturgesetze selbst steuert. In viele dieser Naturgesetze, die sowohl den Makro- als auch den Mikrokosmos durchdringen, hat der Mensch, oft auch unwissentlich, schon tief eingegriffen – in der naiven Annahme, alles sei machbar, was technisch möglich und alles sei gerechtfertigt, was machbar ist. Doch der Mensch – weder der westliche noch der östliche – ist nicht der Steuermann, sondern nur einer von vielen Passagieren auf dem Raumschiff Erde. Und sie alle haben nicht nur eine Daseinsberechtigung, sondern sogar ihre Notwendigkeit im Gefüge dieses ökologischen Netzwerks. Denn alles ist mit allem untrennbar verbunden, wie uns nicht nur zahlreiche Naturphilosophien und Religionen, sondern inzwischen auch die moderne Wissenschaft bestätigt.

Ob und wie die Spezies Mensch auf diesem Planeten überleben wird, scheint davon abzuhängen, wie schnell es ihr gelingt, diese Erkenntnis in die Tat umzusetzen. Und so bestreitet der »homo sapiens« vielleicht gerade das größte Abenteuer seiner bislang so kurzen Geschichte.

K.S.

Bilderläuterungen

Sämtliche Fotos dieses Buches entstanden mit Nikon-Kleinbildkameras und einer Objektivpalette von 20 bis 500 Millimeter Brennweite. An Zubehör habe ich lediglich neutrale UV-Filter verwendet, die eventuelle Farbstiche korrigieren und zudem die Linse schützen. Daher ist jedes meiner Objektive ständig mit einem solchen Filter versehen. Jegliche Farb- oder sonstige Effektfilter lehne ich jedoch ab. Bei der Reproduktion versuche ich vielmehr, die Farben so wirklichkeitsgetreu wie möglich wiederzugeben. Auch Blitzlicht kommt bei mir nie zum Einsatz, während ein stabiles Stativ unentbehrlich ist, da ich oftmals unter schwierigen Lichtverhältnissen arbeite. Das klare Licht eines wolkenlosen Himmels halte ich in der Regel nämlich für die uninteressanteste Art von Beleuchtung.

Als Film diente mir in den allermeisten Fällen der Kodachrome 64 – Diafilm. Wo er nicht zur Verwendung kam, benützte ich den Ektachrome 400 – Diafilm. In diesem Fall ist das in den Bilderläuterungen angegeben. Die Lithographien für das Buch wurden direkt von den Dias angefertigt.

Seite 41: Könnte es so begonnen haben? Diese an einem Herbstmorgen auf einem Alpensee eingefangene Nebelimpression läßt an jene dampfenden, brodelnden Urwasser denken, von denen in fast allen Schöpfungsmythen die Rede ist. Das Bild wurde mit einem 50 mm – Objektiv auf Ektachrome 400 – Film aufgenommen.

Seite 43: Ein Augenblick, auf den ich lange gewartet hatte, um die berühmte Stelle von der Erschaffung des Lichts im ersten Kapitel der Genesis darzustellen. Das Bild war mir vergönnt an einem Schweizer Bergsee, als unmittelbar vor einem Gewitter die Sonne noch einmal für ein paar Sekunden durch die Wolken brach.

Seiten 44/45: Mit Urgewalt donnert die Meeresbrandung an die kalifornische Pazifikküste. Um die sich brechenden Wellen scharf abzubilden, durfte die Belichtungszeit nicht unter 1/250 Sekunde liegen. Bei relativ offener Blende gelang dies mit dem 80-200 mm-Zoom auf Kodachrome 64-Film gerade noch, denn einen höherempfindlichen Film hätte ich der schlechteren Durchzeichnung wegen nur ungern verwendet.

Seiten 46/47: Obwohl ich schon häufig am Meer fotografiert habe, war mir ein solches Bild nur einmal vergönnt. Hintereinander gestaffelt wie Schützenketten rollen riesige Dünungswellen in der Abendsonne auf den »Sunset Beach« von Oahu auf Hawaii zu. Solche Dünungswellen können von einem Sturm stammen, der vielleicht tausend Kilometer entfernt gewütet hat. Am »Sunset Beach« herrschte zum Zeitpunkt der Aufnahme fast völlige Windstille, so daß sich alleine durch den »Fahrtwind« der sich bewegenden Wellen die Gischt von den Kämmen hob. Aufgenommen wurde das Bild mit einem 300 mm-Tele bei Blende 8 und einer Belichtungszeit von etwa 1/250 Sekunde.

Seiten 48/49: Die letzten Strahlen der hinter einer Klippe verschwindenden Abendsonne fallen auf einen Strand an der portugiesischen Algarve-Küste, wobei das zurückfließende Wasser goldene Reflexe auf dem Sand hinterläßt. Ich wollte mit diesem und den beiden folgenden Motiven das sich allmählich beruhigende Meer darstellen.

Seite 50: Der gleiche Strand von der Steilküste aus fotografiert. Da ich hier meinen Standpunkt kaum ändern konnte, habe ich den optimalen Ausschnitt mit dem 80-200 mm-Zoom festgelegt. Gerade in Situationen, wo man weder näher ans Motiv noch weiter zurück kann, erweist sich die variable Brennweite als sehr nützlich.

Seite 51: Dieser Sonnenaufgang über einem nahezu windstillen Meer gelang mir mit dem 300 mm-Tele von einer Steilküste Sardiniens aus.

Seite 52/53: Diese ablaufenden Wasser fotografierte ich in der Abenddämmerung bei strömendem Regen am Gullfoss, einem der schönsten Wasserfälle Islands, der in Kaskaden über dreißig Meter tief in eine Schlucht hinabstürzt. Da mir nur mehr wenig Licht zur Verfügung stand, ich aber die stürzenden Wasser nicht unscharf darstellen wollte, benutzte ich den hochempfindlichen Ektachrome 400-Film. In Verbindung mit dem lichtstarken 50 mm-Objektiv (das auch »Normal«-Objektiv genannt wird, da sein Bildwinkel unseren Sehgewohnheiten am meisten entspricht) kam ich dann doch noch auf eine Belichtungszeit von etwa 1/250 Sekunde.

Seiten 54/55: In Island findet man Urlandschaften wie kaum anderswo. Nirgends sonst hatte ich so oft das Gefühl, als sei die Erde gerade erst im Entstehen. Besonders archaisch muten dabei die Geysire an, die heißen, dampfenden Springquellen, deren größte – den Strokkur-Geysir – ich hier mit dem 20 mm-Weitwinkel aufgenommen habe.

Seiten 56/57: Zu Füßen des Hofsjökull, des drittgrößten isländischen Gletschers (immerhin noch achtmal gewaltiger als der größte Alpengletscher), entspringt die Thjórsá, Islands längster Fluß. Das Bild zeigt sie im Gegenlicht auf ihrem 150 Kilometer langen Lauf zum Meer, aufgenommen mit dem 300 mm-Tele bei Blende 8 und einer Belichtungszeit von etwa 1/500 Sekunde. Die Stimmung ist typisch für Island, denn wolkenfreie Tage sind hier eine Rarität. Die Luft ist meist sehr klar, und der häufige Wechsel von Licht und Schatten erzeugt immer wieder faszinierende Stimmungen. Manchmal regnet es freilich auch tagelang.

Seite 59: Ein Wasserfall im Süden Islands, fotografiert mit dem 50 mm-Objektiv und einer Belichtungszeit von 1/500 Sekunde, um die Struktur in den herabstürzenden Wassermassen »einzufrieren«.

Seiten 60/61: Gewitter faszinieren mich seit meiner Kindheit, wobei es aber nicht nur deren Urgewalt ist, die mich so sehr beeindruckt, sondern auch das Magisch-Mystische, das für mich in solchen Erscheinungen steckt. Diese geradezu apokalyptische Wolkenstimmung fotografierte ich kurz vor einem Gewitter in den österreichischen Alpen.

Seite 63: Im Juni oder Juli, den besten Reisezeiten für Island, kann man dort fast rund um die Uhr fotografieren. Die Aufnahme der dampfenden Quellen inmitten dunklen Lava-Gesteins entstand gegen ein Uhr nachts, als die Sonne gerade für kurze Zeit unterm Horizont verschwunden war. Die Kamera, versehen mit einem 28 mm-Weitwinkel, war natürlich auf dem Stativ montiert. Als Film diente diesmal der Ektachrome 400.

Seite 65: Diese Aufnahme einer »sich allmählich enthüllenden Erde« habe ich durchs Fenster einer normalen Linienmaschine gemacht, und zwar mit dem 28 mm-Weitwinkel. Es zeigt einen Teil der französischen Alpen.

Seite 66: Archaisch anmutende Bilder gelangen mir bisweilen auch im heimischen Oberbayern, so wie diese durch die Wolken brechende Sonne überm Hochgern, einem Berg im Chiemgau. Aufgenommen wurde dieses Bild vom benachbarten Hochfelln aus mit dem 80-200 mm-Zoom.

Seiten 68/69: Hinter den Berner Alpen ist die Sonne untergegangen. Die Aufnahme, festgehalten mit dem 80-200 mm-Zoom, entstand auf dem Gipfel des 2362 Meter hohen Niesen, wobei die Kamera natürlich auf ein Stativ geschraubt werden mußte, da die Belichtungszeit 1/2 bis 1/4 Sekunde betrug.

Seiten 70/71: Zur Illustration jener Stelle in der Edda, in der Burs Söhne die Lande emporhoben, schien mir dieses Motiv besonders geeignet. Es zeigt freilich nicht Island, wo die Edda entstand, sondern den Blick von der bayerischen Hochries zu den österreichischen Alpen. Aufgenommen wurde das Bild an einem sonnigen Herbsttag mit dem 80-200 mm-Zoom.

Seite 73: Mit dem 20 mm-Weitwinkel wurde diese Stein- und Lavawüste in Zentralisland fotografiert. Für die Betonung von Tiefe und Raum ist dieses Objektiv besonders geeignet. Darüber hinaus liefert es große Schärfentiefe auch bei offener Blende.

Seite 75: Dort räumliche Weite, hier das Detail: Primitive Spuren von Leben in Form von Flechten, entdeckt auf einem etwa mannsgroßen Felsen in den österreichischen Alpen, und festgehalten vom Stativ aus mit dem 50 mm-Objektiv bei Blende 5,6.

Seite 76: Wo Wasser ist, entsteht auch Leben; selbst auf einem nackten Felsen im Randbereich eines Wasserfalls wuchern Moose, wie dieses fast abstrakt wirkende Bild zeigt. Aufgenommen wurde es mit dem 80-200 mm-Zoom auf Ektachrome 400-Film.

Seite 79: Nicht nur die herrlichen Seerosenblüten, sondern auch die »profaneren« Blätter haben ihren ästhetischen Reiz, wie dieses natürliche »Arrangement« auf der Oberfläche eines kleinen oberbayerischen Sees zeigt. Das weiche, diffuse Licht eines bedeckten Tages sorgt für die fast abstrakte Wirkung dieses Bildes, das mit dem 50-mm Objektiv auf Ektachrome 400-Film festgehalten worden ist.

Seite 80/81: Wasser, Inbegriff des Bewegten, und Steine, Symbole des Festen und Beharrenden, in einem Bild vereinigt. Um den Kontrast zwischen den statischen Formen der Steine und den fließenden Strukturen des Wassers so klar wie möglich hervortreten zu lassen, habe ich die Kamera mit dem 28 mm-Objektiv auf das Stativ geschraubt und mit der relativ langen Belichtungszeit von 1/8 Sekunde ausgelöst.

Seiten 82/83: Sonnenaufgang über einer Lichtung in den bayerischen Voralpen. Der Tau auf den Gräsern sorgt für funkelnde Reflexe, während die Sonne durch den Frühnebel zu einem konturlosen Gebilde verschwimmt. Der einzelne Strahl ist nicht etwa das Ergebnis eines Effektfilters (diese Art von Verfremdungszubehör benütze ich grundsätzlich nicht), sondern der weit geschlossenen Blende des 28 mm-Objektivs.

Seite 85: Diese Frühlingsimpression verdankt ihre dichte, komprimierte Wirkung einem 500 mm-Spiegeltele. Dieses Objektiv läßt sich nicht abblenden, weshalb der Schärfenbe-

reich sehr gering ist. Die Lichtmenge kann nur über die Verschlußzeit reguliert werden. Dafür hat es gegenüber einem konventionellen 500 mm-Objektiv den Vorteil, weitaus kleiner, handlicher und leichter zu sein, weshalb nicht immer ein Stativ nötig ist.

Seiten 86/87: Die ganze Ästhetik und die extreme, beinahe künstlich wirkende Farbigkeit dieser Orchidee habe ich in diesen beiden Bildern bei natürlichem Licht einzufangen versucht. Um einen größeren Abbildungsmaßstab zu erreichen, wurde ein 55 mm-Mikro-Nikkor-Objektiv verwendet, wobei ein Stativ natürlich unentbehrlich ist.

Seiten 88/89: Im südlichen Apulien entstand diese Aufnahme eines Olivenhains. Die Szene erweckte in mir Assoziationen ans Paradies, und ich habe versucht, diese Stimmung mit dem 20 mm-Weitwinkel so unmittelbar wie möglich wiederzugeben.

Seite 91: Mit dem 500 mm-Spiegeltele entstand diese Sommerimpression. Nie wieder habe ich eine so üppige Vielfalt an Blumen und Gräsern entdeckt wie auf dieser Wiese im Allgäu. Auf den meisten Sommerwiesen ist neben dem obligaten Löwenzahn ja kaum noch etwas anderes zu sehen. Diese Wiese hier mag zwar weniger wirtschaftlichen Ertrag abwerfen, aber dafür ist sie ein Fest für die Sinne und ein Labsal für die Seele.

Seiten 92/93: Für eine geradezu apokalyptische Szenerie sorgte diese Gewitterfront, die über die bayerischen Voralpen hinwegzog. Wenige Augenblicke nach dieser Aufnahme regnete und hagelte es, als sei die Sintflut über das Land hereingebrochen. Mit viel Glück und dem 28 mm-Objektiv an der Kamera konnte ich diesen entscheidenden Moment gerade noch rechtzeitig einfangen.

Seiten 94/95: Das Gewitter zieht ab, die Wolken lösen sich auf. Ein nicht minder heftiges Sommergewitter erlebte ich wenige Wochen später auf dem Gipfel des Hochfelln im bayerischen Chiemgau. Das Bild, aufgenommen mit dem 80-200 mm-Zoom, zeigt den Blick nach Süden zu den Loferer Steinbergen.

Seiten 96/97: Nicht von einem Berggipfel aus, sondern aus dem Cockpit einer einmotorigen Propellermaschine heraus entstand diese Aufnahme vom südlichen Teil des Chiemsees, des »Bayerischen Meeres«. Der Blick geht nach Westen, über die in Licht getauchte Hirschauer Bucht im Vordergrund bis zu den schräg gegenüberliegenden drei Inseln. Obwohl das Land um den See ziemlich dicht besiedelt ist, findet man auf diesem mit dem 28 mm-Objektiv bei Blende 5,6 aufgenommenen Bild keinerlei Anzeichen von Menschen (Die Luftaufnahme wurde von der Regierung von Oberbayern freigegeben unter der Nummer GS 300/29/85).

Seite 99: Ebenfalls am nördlichen Alpenrand entstand diese föhnige Abendstimmung, die in unserem Zyklus den ausklingenden Sommer andeuten soll.

Seite 100: Ein einsamer Schilfhalm, fotografiert mit dem 500 mm-Spiegeltele im Zwielicht der Abenddämmerung auf Ektachrome 400-Film. Fast zeitlos wirkt er in der Selbstverständlichkeit seines einfachen Daseins.

Seiten 102/103: Im südlichen Schwarzwald stieß ich auf diesen bewaldeten Hang mit seiner üppigen Bodenvegetation. Das 20 mm-Weitwinkel schien mir hier die richtige Optik zu sein, um diese Pracht in ihrer ganzen Fülle einzufangen. Blende 8 reichte aus, um dem Bild vom Vorder- bis zum Hintergrund die erforderliche Schärfe zu verleihen.

Seiten 104/105: Mit dem Mikro-Nikkor-Objektiv habe ich bei natürlichem Gegenlicht diese Blattstrukturen mit ihrem Netzwerk an Kapillargefäßen fotografiert. Während bei dem rechten Blatt noch sommerliches Grün dominiert, ist der Prozeß des Verwelkens bei dem linken Blatt schon ziemlich weit fortgeschritten. Das Hauptproblem bei solch großen Abbildungsmaßstäben ist die geringe Schärfentiefe der Objektive, weshalb alle Bereiche des Motivs auf möglichst gleicher Ebene zur Filmebene liegen sollten; es sei denn, es gibt einen klaren optischen Schwerpunkt, auf den man die Schärfe konzentrieren kann. Ein stabiles Stativ ist für solche Aufnahmen natürlich unentbehrlich.

Seiten 106/107: Erst im Herbst, wenn das Chlorophyll aus den Blättern entweicht, offenbart das Laubwerk der Bäume

seine eigentliche Farbe. Die Nuancen, die dabei zum Vorschein kommen, sind zahllos, wie diese Impression aus dem Schwarzwald, eingefangen mit dem 80-200 mm-Zoom bei regnerischem Wetter, eindrucksvoll demonstriert.

Seite 108: Von den Bäumen gewehtes Herbstlaub treibt auf der Oberfläche eines Weihers, während ein nach Nahrung schnappender Fisch einen konzentrischen Wellenkreis erzeugt hat, – ein ganz und gar unspektakuläres Motiv, das vielleicht gerade deshalb einen gewissen Reiz erhält.

Seite 111: Sein oder Schein? Die herbstliche Farbenpracht einer Birkengruppe am Rande eines kleinen Sees bewirkt diese Wasserspiegelung, aufgenommen mit dem 80-200 mm-Zoom vom gegenüberliegenden Ufer aus.

Seiten 112/113: Sonnenaufgang über einem Moorgebiet in den bayerischen Voralpen. Nur langsam durchdringt die Sonne den herbstlichen Bodennebel, der jedoch meist einen schönen Tag verspricht. Morgens und abends ist es in der Regel noch unproblematisch, direkt in die Sonne zu fotografieren, da deren Intensität durch den atmosphärischen Dunst stark gemildert wird. Wann immer man jedoch direkt in die Sonne fotografiert: Es ist ratsam, dabei das Objektiv möglichst ganz abzublenden.

Seite 114: Der erste Rauhreif kündigt den Winter an und bewirkt am Boden abstrakte Blattkompositionen wie diese, die ich an einem Novembermorgen mit dem 50 mm-Objektiv auf Ektachrome 400-Film aufgenommen habe.

Seiten 116/117: Am Abfluß eines bayerischen Voralpensees, kurz nach dem ersten Schneefall, entstand dieses Bild, aufgenommen mit dem 50 mm-Objektiv auf Ektachrome 400-Film. Im Zwielicht zwischen Tag und Nacht oder bei Wetteränderungen entstehen oft die reizvollsten Stimmungen.

Seiten 118/119: An einem Felshang in den österreichischen Alpen entdeckte ich diese imposanten Eisstrukturen, deren Größenverhältnisse ohne das kleine Blatt in der Mitte unten nicht leicht zu erkennen wären. Aufgenommen wurde das Motiv vom Stativ aus mit dem 20 mm-Weitwinkel bei Blende 5,6 wiederum auf Kodachrome 64-Film.

Seite 121: Wasser, das wandlungsfähigste Element auf der Erde, hier in gefrorenem und in flüssigem Zustand. Aufgenommen wurde das Bild vom Stativ aus mit dem 50 mm-Objektiv bei Blende 5,6 und einer Verschlußzeit von etwa 1/15 Sekunde.

Seite 122: Was hier eher an einen Blick in den Kosmos erinnert, ist nichts anderes als eine Ansammlung im Eis eingeschlossener Luftblasen, mit dem Mikro-Nikkor-Objektiv auf diese ansehnliche Größe gebracht. Daß die Bläschen wie solide Kugeln erscheinen, ist in erster Linie auf das Gegenlicht zurückzuführen.

Seite 125: Das Spinnennetz im morgendlichen Gegenlicht soll erste Anzeichen von höherem Leben auf der Erde andeuten. Aufgenommen habe ich es mit dem 500 mm-Spiegeltele, an dessen typischer Wiedergabe von Lichtreflexen der Fachmann sofort erkennt, daß hier mit einem Spiegellinsenobjektiv fotografiert worden ist.

Seiten 126/127: Ein Schwan in seiner unvergleichlichen Anmut »schwebt« im Morgengrauen über das Wasser eines Voralpensees, während sich in der aufgehenden Sonne allmählich die Nebelschleier auflösen. Ich habe diesen paradiesischen Anblick mit dem 300 mm-Tele bei Blende 5,6 und einer Verschlußzeit von 1/250 Sekunde festgehalten.

Seiten 128/129: Seeschwalben im Gegenlicht an der Atlantikküste, aufgenommen mit dem 500 mm-Spiegeltele und einer Verschlußzeit von mindestens 1/500 Sekunde. Gerade bei starken Motivkontrasten, wie es bei Gegenlicht der Fall ist, und wenn einzelne Objekte deutlich aus ihrer Umgebung herausgelöst werden sollen, eignet sich das Spiegeltele besonders gut. Wegen der geringen Schärfentiefe dieses Objektivs besteht für den Fotografen das Hauptproblem in der exakten Scharfstellung des anvisierten Objekts.

Seite 130: In den Chiemgauer Bergen präsentierte sich auf einer Waldlichtung im Morgengrauen dieser kapitale Hirsch, den ich mit dem 500 mm-Spiegeltele auf Ektachrome 400-Film festgehalten habe.

Seite 131: Voller Geschmeidigkeit und Eleganz schleicht ein Luchs durchs Gestrüpp. Auch hierfür erwies sich das 500 mm-Spiegeltele und der hochempfindliche Ektachrome 400-Film als das richtige Material, wenngleich ich die erforderliche kurze Belichtungszeit nicht mehr ganz erreichte. Doch die ganz leichte Unschärfe erhöht in diesem Fall den Reiz des Bildes eher noch.

Seiten 132/133: Alles Seiende, nicht zuletzt auch der Mensch selbst, ist aus dem Wasser hervorgegangen, auch wenn die Bibel über die Menschwerdung anders berichtet. Doch sogar er selbst besteht zum größten Teil aus Wasser. So lag es für mich nahe, die Darstellung des Menschen mit seiner Herkunft in Verbindung zu bringen. Daß ich mich dabei für eine Frau entschieden habe, hat sowohl ästhetische als auch philosophische Gründe. Ich neige nämlich zu der Auffassung, daß unsere (Mutter-) Erde und alles materielle Sein eher weiblicher Natur ist.

Seiten 134/135: Hongkong, derzeit noch britische Kronkolonie, Ende dieses Jahrhunderts jedoch wieder unter chinesischer Hoheit, symbolisiert für mich wie kaum eine andere mir bekannte Großstadt dieser Erde den Kontrast zwischen Armut und Reichtum. Während die einen unter bescheidensten Verhältnissen auf ihren Dschunken leben, residieren die anderen wie moderne Könige in ihren Glas- und Betonpalästen. Und wo immer die »Zivilisation« zu eskalieren beginnt, verwandelt sich grünes Land in eine graue Betonwüste.

Literatur

Argüelles, José und Miriam: Das große Mandala-Buch (Freiburg 1974/Aurum-Verlag).

Arrowsmith/Korth, William und Michael: »Meine Worte sind wie Sterne – sie gehen nicht unter«/Reden der Indianerhäuptlinge (München 1984/Dianus-Trikont Buchverlag).

Blake, William (London 1978/Tate Gallery Publications).

Blavatsky, H.P.: Die Geheimlehre/Kosmogenesis (Den Haag 1899/Verlag J.J. Couvreur).

Blofeld, John: Jenseits der Götter (Bern, München, Wien 1976/Scherz-Verlag).

Böhme, Jakob: Eine Lilie blüht über Berg und Tal (Stuttgart 1954, Steinkopf-Verlag).

Capra, Fritjof: Das Tao der Physik (Bern, München, Wien 1984/Scherz-Verlag).

Chardin, Teilhard de: (Reinbek bei Hamburg/RoRoRo-Monographie, Rowohlt-Verlag).

Die schönsten Sagen aus der Neuen Welt (München 1972, Südwest-Verlag).

Dschuang Dse: Das wahre Buch vom südlichen Blütenland (Düsseldorf/Köln 1964/Diederichs-Verlag).

Dürckheim, Karlfried Graf: Zen und wir (Frankfurt 1974/Rowohlt-Verlag).

Franz von Assisi: »Sonnengesang« in: Unsterbliches Saitenspiel (Frankfurt 1958/Ullstein-Verlag).

Fromm, Erich: Märchen, Mythen, Träume (Reinbek/Rowohlt-Verlag).

Govinda, Lama Anagarika: Mandala (Zürich 1973/Origo-Verlag).

Hesse, Hermann: Siddhartha (Frankfurt 1972/Suhrkamp).

Hesse, Hermann: Die Kunst des Müßiggangs (Frankfurt 1973/Suhrkamp-Verlag).

Huxley, Aldous: Die Pforten der Wahrnehmung/Himmel und Hölle München 1970/Piper-Verlag).

Illies, Joachim: Schöpfung oder Evolution (Zürich 1979/Edition Interfrom).

Ions, Veronica: Indische Mythologie (Wiesbaden 1967/Vollmer-Verlag).

Jacobi, Lis: Schöpfungs- und Entstehungsmythen (CH-Schaffhausen 1981/Novalis-Verlag).

Jung, Carl Gustav: Der Mensch und seine Symbole (Olten 1968/Walter-Verlag).

Jung, Carl Gustav: Aion – Untersuchungen zur Symbolgeschichte (Zürich 1951/Rascher-Verlag).

Jung, Carl Gustav: Zur Psychologie westlicher und östlicher Religionen (Olten 1971/Walter-Verlag).

Kapleau, Philip: Die drei Pfeiler des Zen (Zürich 1969/Rascher-Verlag).

Laing, Ronald: Phänomenologie der Erfahrung (Frankfurt 1969/Suhrkamp-Verlag).

Laotse: Tao te king (Düsseldorf 1957/Diederichs-Verlag).

Mall, Ram Adhar: Indische Schöpfungsmythen (Bonn 1982/Bouvier-Verlag).

Mann, Ulrich: Schöpfungsmythen (Stuttgart 1982/Kreuz-Verlag).

Olvedi, Ulli: Wir sind alle ganz normale Mystiker (München 1984/Pfeiffer-Verlag).

Ouspensky, P.D.: Tertium Organum (Weilheim 1973/Barth-Verlag).

Rawson, Philip: Tao (Droemer Knaur-Verlag).

Suzuki, Daisetz Teitaro: Die große Befreiung (Weilheim 1972/Barth-Verlag).

Tagore, Rabindranath: Mit meinen Liedern hab' ich dich gesucht (Hamburg 1947/Deutscher Literatur-Verlag).

Watts, Alan: Kosmologie der Freude (Melzer-Verlag).

Watts, Alan: Vom Geist des Zen (Basel 1956/Schwabe-Verlag).

Watts, Alan: Der Lauf des Wassers (Bern, München, Wien 1976/Scherz-Verlag).

Watts, Alan: Im Einklang mit der Natur (München 1981/Kösel-Verlag).

2. Auflage
© 2001 Rosenheimer Verlagshaus GmbH & Co. KG, Rosenheim

Die zitierten Texte von Alan Watts wurden dessen Buch „Kosmologic der Freude" entnommen. Der Abdruck erfolgt mit freundlicher Genchmigung des Melzer Verlags, Dreieich.
Das Kapitel „Eine moderne Schöpfungsgeschichte" wurde mit freundlicher Genehmigung des Verfassers übernommen.

Lithographie: Fotolitho Longo, Frangart, Südtirol
Satz: Appl, Wemding
Druck und Bindung: BAWA Print & Partner GmbH

ISBN 3-475-53124-0